5 CONSIGLI PER INIZIARE

1) COME RISOLVERE LE PAROLE INTRECCIATTE

I puzzle hanno un formato classico:

- Le parole sono nascoste senza spazi o trattini,...
- Orientamento: Le parole possono essere scritte in avanti, indietro, verso l'alto, verso il basso o in diagonale (possono essere invertite).
- Le parole possono sovrapporsi o intersecarsi.

2) APPRENDIMENTO ATTIVO

Accanto ad ogni parola c'è uno spazio per scrivere la traduzione. Per incoraggiare l'apprendimento attivo, un **DIZIONARIO** alla fine di questa edizione vi permetterà di controllare e ampliare le vostre conoscenze. Cerca e scrivi le traduzioni, trovale nel puzzle e aggiungile al tuo vocabolario!

3) SEGNARE LE PAROLE

Puoi inventare il tuo sistema di segni. Forse ne usi già uno? Per esempio, puoi segnare le parole difficili da trovare con una croce, le parole preferite con una stella, le parole nuove con un triangolo, le parole rare con un diamante, e così via.

4) STRUTTURARE L'APPRENDIMENTO

Questa edizione offre un **TACCUINO** alla fine del libro. In vacanza, in viaggio o a casa, puoi organizzare facilmente le tue nuove conoscenze senza bisogno di un secondo quaderno!

5) AVETE FINITO TUTTE LE GRIGLIE?

Nelle ultime pagine di questo libro, nella sezione della **SFIDA FINALE**, troverete un gioco gratuito!

Facile e veloce! Dai un'occhiata alla nostra collezione di libri di attività per il tuo prossimo momento di divertimento e **apprendimento,** a portata di clic!

Trova la tua prossima sfida su:

BestActivityBooks.com/MioProssimoLibro

Ai vostri posti, pronti...Via!

Sapevi che ci sono circa 7.000 lingue diverse nel mondo? Le parole sono preziose.

Amiamo le lingue e abbiamo lavorato duramente per creare libri di altissima qualità. I nostri ingredienti?

Una selezione di argomenti adatti all'apprendimento, tre buone porzioni di intrattenimento, una cucchiaiata di parole difficili e una spolverata di parole rare. Li serviamo con amore e entusiasmo in modo che tu possa risolvere i migliori giochi di parole e divertirti imparando!

La vostra opinione è essenziale. Puoi partecipare attivamente al successo di questo libro lasciandoci un commento. Ci piacerebbe sapere cosa ti è piaciuto di più di questa edizione.

Ecco un link veloce alla pagina dell'ordine:

BestBooksActivity.com/Recensione50

Grazie per il vostro aiuto e buon divertimento!

Tutta la squadra

1 - Scacchi

```
S K L P O I N E J D L B E H
T W C E R D I K U U G E Y K
R Y T R P E M A I N A R X H
A E R M W A T U R A N R I O
T J X A R D S R A T U B A T
E E J I R Y T I W A K T U K
G M V N B A O F F B T W X V
I V J A G B J P J L U I B O
Z K O N T E S A I B R F N L
P E N G O R B A N A N T B T
U Z D I A G O N A L A W A N
T T A N T A N G A N M I W U
I O A B Q W C Q D U E W Q B
H I T A M X B W J K N G P X
```

LAWAN
PUTIH
JUARA
KONTES
DIAGONAL
PEMAIN
PERMAINAN
CERDIK
HITAM
PASIF

POIN
RAJA
RATU
ATURAN
PENGORBANAN
TANTANGAN
STRATEGI
WAKTU
TURNAMEN

2 - Strumenti

```
R  P  R  P  D  T  E  Y  K  Q  P  L  D  P
E  O  W  J  C  O  V  I  N  B  I  B  Q  S
W  B  D  B  O  M  L  S  N  W  S  C  K  T
L  O  L  A  T  T  A  N  G  G  A  P  R  A
P  R  E  K  A  B  E  L  Z  K  U  L  L  P
K  V  M  S  E  K  O  P  L  H  U  M  O  L
A  A  X  G  T  D  I  M  S  E  K  P  O  E
P  A  L  U  B  E  B  P  P  Z  T  U  F  R
A  P  E  N  G  G  A  R  I  S  A  A  A  E
K  Y  H  T  P  B  U  K  W  X  N  T  L  E
L  G  W  I  P  U  T  Z  O  L  G  I  R  I
Z  Q  D  N  P  I  S  A  U  C  U  K  U  R
H  O  B  G  W  W  E  O  W  T  R  H  V  R
T  L  E  A  X  I  S  Z  G  Q  D  C  D  J
```

KAPAK	SEKOP
KABEL	TANG
LEM	PISAU CUKUR
PISAU	PENGGARIS
TALI	RODA
STAPLER	TANGGA
GUNTING	OBOR
MALLET	BAUT
PALU	

3 - Aggettivi #2

```
A  S  I  N  A  X  B  A  N  G  G  A  X  E
P  S  X  H  L  W  I  U  Y  Z  X  A  A  M
M  M  L  J  A  K  A  M  J  T  N  V  Q  A
X  U  R  I  M  R  S  E  D  K  U  A  T  N
C  Y  R  O  I  E  A  N  E  I  H  O  U  I
G  T  E  N  P  A  N  A  S  N  V  Z  A  S
E  K  X  H  I  T  E  R  K  E  N  A  L  D
K  L  Y  Z  I  I  L  I  R  S  Y  I  K  R
E  S  E  N  S  F  A  K  I  B  A  R  U  A
R  E  A  G  X  Q  P  N  P  R  M  K  J  M
I  H  F  H  A  U  A  Y  T  A  I  A  E  A
N  A  L  B  L  N  R  D  I  R  R  E  I  T
G  T  O  N  V  Y  M  G  F  L  F  O  E  I
F  P  R  O  D  U  K  T  I  F  U  R  O  S
```

LAPAR	KUAT
KERING	MENARIK
ASLI	ALAMI
PANAS	BIASA
KREATIF	BARU
DESKRIPTIF	BANGGA
MANIS	PRODUKTIF
DRAMATIS	MURNI
ELEGAN	ASIN
TERKENAL	SEHAT

4 - Pesca

```
R U B I B K E S A B A R A N
A M G P E R A H U H Q M K R
H P L N R D Z I Q L Z P E T
A A R L L I K T T F G W R U
N N K Z E J L S B B E R A T
G G E P B T M U S I M L N P
S R C Q I W L N B W Z Y J E
L I D H H W R G W V P E A R
S V R D A F K A W A T M N A
J K D I N J Q I D X Y A G L
E N H U P A N T A I I S Y A
L A U T Y I B Z N E R A V T
W U S F E R W A A O G K K A
I N S A N G A T U W Z O O N
```

AIR   KAIT
PERALATAN   DANAU
PERAHU   RAHANG
INSANG   LAUT
KERANJANG   KESABARAN
MASAK   BERAT
BERLEBIHAN   SIRIP
UMPAN   PANTAI
KAWAT   MUSIM
SUNGAI

5 - Aggettivi #1

```
P Y B H M I D N Z L D U F M
B E S A R O A E I L W N Y M
A P N Z Q E L I R A I B M U
R A T T D S A I Y M L W S T
T N I B I L M W E B A I M L
I J P E V N B E R A T W L A
S A I K L A G J P T I B A K
T N S S E M P U R N A D N N
I G A O M Y D J M O D E R N
K H K T P U Z U X O I Q F A
P E T I Q S D R Q X Q G V H
Y F I S Z T L A T C E Z A X
E J F I D E N T I K G C S N
T S Z J X O A M B I S I U S
```

AMBISIUS	PENTING
ARTISTIK	LAMBAT
MUTLAK	PANJANG
AKTIF	MODERN
BESAR	JUJUR
EKSOTIS	SEMPURNA
DERMAWAN	BERAT
MUDA	DALAM
IDENTIK	TIPIS

6 - Geologia

```
U  S  T  A  L  A  G  M  I  T  Q  Z  B  L
K  H  W  K  E  B  N  S  O  S  G  M  H  A
A  S  A  M  Y  S  F  T  K  T  G  Q  Z  P
G  E  Y  S  E  R  L  A  H  A  R  D  W  I
G  E  M  P  A  B  U  M  I  L  R  A  S  S
M  J  K  N  J  A  E  B  I  A  S  A  Q  A
C  I  X  U  U  T  D  V  V  K  J  X  N  N
B  E  N  U  A  D  J  Z  T  F  Y  J  G
J  L  O  E  N  R  J  U  O  I  O  G  L  H
V  W  H  A  R  E  S  G  N  T  S  F  W  I
E  R  O  S  I  A  Z  A  A  T  I  J  R  A
G  A  R  A  M  G  L  H  C  N  L  J  W  W
Q  W  G  U  N  U  N  G  B  E  R  A  P  I
K  R  I  S  T  A  L  K  A  L  S  I  U  M
```

ASAM	MINERAL
KALSIUM	BATU
GUA	KUARSA
BENUA	GARAM
KARANG	STALAGMIT
KRISTAL	STALAKTIT
EROSI	LAPISAN
FOSIL	GEMPA BUMI
GEYSER	GUNUNG BERAPI
LAHAR	ZONA

7 - Campeggio

```
M T M I V D Z O B P A V O Q
B E A J Z U T T I O P E T A
E N N L A X Q E N H I H C M
R D S Y I M W J A O L Y G B
B A P F E V B M T N T O P I
U S E R A N G G A B U L A N
R G K J H O A U N L P B A X
U L E X P A U N G H U T A N
F X W S J L A U G T D M P K
D A N A U A I N W K A N O A
Z S H Y H M K G Y L A X R B
P E T U A L A N G A N N P I
F X W O K O M P A S V P S N
T F J P E R A L A T A N Y D
```

POHON
BINATANG
PERALATAN
PETUALANGAN
KOMPAS
KABIN
BERBURU
KANO
TOPI
TALI

MENYENANGKAN
HUTAN
API
SERANGGA
DANAU
BULAN
PETA
GUNUNG
ALAM
TENDA

8 - Arti Visive

```
A O U R W W R T P F K D N C
K R K A P U R A E I E Y S C
R F T S M S G N N L R I D X
E P H I C O C A Y M A I B S
A E A J S Z N H A O M Y A C
T R A T O H T L N W I W W O
I S R L U Y W I G K K D K C
V P A W U N R A G G Q G P J
I E N T R K G T A F O T O L
T K G Y C O I P O T R E T I
A T K O M P O S I S I N M L
S I P B W E T N A C E R H I
T F J C X N C P E N S I L N
Z P L N M A H A K A R Y A T
```

TANAH LIAT	FILM
ARTIS	FOTO
MAHAKARYA	KAPUR
ARANG	PENSIL
PENYANGGA	PENA
LILIN	LUKISAN
KERAMIK	PERSPEKTIF
KOMPOSISI	POTRET
KREATIVITAS	PATUNG

9 - Esplorazione

```
K  E  L  E  L  A  H  A  N  J  A  T  U  H
X  X  D  I  K  E  T  A  H  U  I  E  F  X
C  Y  F  K  A  Y  I  P  B  H  E  K  P  N
M  K  E  B  E  R  A  N  I  A  N  A  P  K
E  A  K  T  I  V  I  T  A  S  I  D  K  S
D  B  E  P  E  R  G  I  A  N  B  S  W  P
A  K  E  G  E  M  B  I  R  A  A  N  V  E
N  Y  H  A  L  S  E  B  U  D  A  Y  A  N
B  E  R  B  A  H  A  Y  A  V  Y  D  X  E
B  I  N  A  T  A  N  G  N  H  T  C  K  M
A  R  S  H  N  Q  H  S  G  G  A  F  I  U
R  E  V  A  H  S  R  W  B  G  E  Y  O  A
U  Y  Y  S  G  V  L  N  U  F  I  O  A  N
Z  R  C  A  I  C  B  Q  L  M  W  X  R  E
```

BINATANG	BAHAYA
AKTIVITAS	BERBAHAYA
KEBERANIAN	DIKETAHUI
BUDAYA	PENEMUAN
TEKAD	LIAR
KEGEMBIRAAN	RUANG
KELELAHAN	MEDAN
BAHASA	BEPERGIAN
BARU	

10 - Tempo

```
S Z M E N I T S P K D H O S
E N W A F A T A H U N A N O
T M B U S V T A H U N B S B
E X A A S A N T X O H A E P
L N P L E E D G L V A D B A
A F M K A R G E H A R I E G
H X K T R M K E P O I F L I
S I A N G I E N R A I J U N
R K L Z Y N M W G A N A M C
B O E G H G A S B B I M I M
U U N W G G R X U R Q U J K
L D D S A U I H K D R V U B
A P E S Q R N W S L M B R O
N J R P F D A S A W A R S A
```

TAHUN
TAHUNAN
KALENDER
DASAWARSA
SETELAH
MASA DEPAN
HARI
KEMARIN
PAGI
BULAN

SIANG
MENIT
SAAT
MALAM
HARI INI
JAM
SEGERA
SEBELUM
ABAD
MINGGU

11 - Autunno

```
G G K H K O L A A Y Z W H U
Q U X W F R O S T I J H W F
D L G I K C U A C A A R X E
H A A U S H X P H P A L O S
B M M T R A E E R T E S M T
V U H B O R L L Q P M S R I
V M L X H D U A C O R N E V
L N A A Z B W X M C W P Q A
V Y C B N M I G R A S I U L
C H E S T N U T I E N B I L
Y O P N K E B A K A R A N K
M M U S I M A N L T D F O E
Y D N O L L G K I R P W X M
P A K A I A N P M W O S U I
```

PAKAIAN
CHESTNUT
IKLIM
GUGUR
EQUINOX
FESTIVAL
ORCHARD
FROST

ACORN
KEBAKARAN
APEL
BULAN
CUACA
MIGRASI
ALAM
MUSIMAN

12 - Astronomia

```
B G Q I Z R O M R K T G A A
V U R O O O N E B U L A S S
D P L A N E T T X O E L T T
V T Y A V E X E M M T A E R
T K R R N I R O K E T K R O
V E L A G K T R E M B S O N
R E L E K Q T A H O U I I O
B W T E T M A F S O M M D M
M O K O S M O S H I I N L D
F E M A W K E Q U I N O X G
V N F M U R O L A N G I T M
R A D I A S I P X T I O Y S
F A S T R O N O T N X Q V E
E Q K O N S T E L A S I F T
```

ASTEROID	BULAN
ASTRONOT	METEOR
ASTRONOM	NEBULA
LANGIT	PLANET
KOSMOS	RADIASI
KONSTELASI	ROKET
EQUINOX	TELESKOP
GALAKSI	BUMI
GRAVITASI	

13 - Circo

```
D  J  R  Z  S  T  B  Z  T  E  F  M  C  T
B  D  Q  Z  I  I  W  Q  W  Y  I  D  J  N
J  A  R  V  N  K  B  I  N  A  T  A  N  G
C  W  D  M  G  E  G  H  H  O  V  W  Y  H
P  L  M  U  A  T  Z  I  L  Q  Z  B  F  M
B  D  E  G  T  E  N  D  A  S  I  H  I  R
H  A  M  U  S  I  K  O  S  T  U  M  N  U
T  J  L  P  V  M  E  N  G  H  I  B  U  R
P  U  P  O  Q  O  P  E  N  O  N  T  O  N
E  G  A  P  N  N  P  E  S  U  L  A  P  N
R  G  R  J  V  Y  H  A  R  I  M  A  U  V
M  L  A  S  P  E  K  T  A  K  U  L  E  R
E  E  D  P  L  T  G  A  J  A  H  H  P  F
N  R  E  A  K  R  O  B  A  T  K  X  C  H
```

AKROBAT	SIHIR
BINATANG	PESULAP
TIKET	MUSIK
PERMEN	BALON
BADUT	PARADE
KOSTUM	MONYET
GAJAH	SPEKTAKULER
JUGGLER	PENONTON
MENGHIBUR	TENDA
SINGA	HARIMAU

14 - Mitologia

```
Q  B  E  Y  F  K  Q  M  R  P  O  W  P  O
N  E  O  I  P  E  J  U  A  N  G  E  E  D
E  N  M  G  B  K  W  Z  K  K  Y  N  T  E
F  C  Z  J  N  U  Y  Q  A  R  H  U  I  U
P  A  P  O  L  A  D  A  S  A  R  L  R  H
A  N  N  E  O  T  E  N  A  U  X  B  U  H
H  A  Y  A  Z  A  W  A  F  Q  Y  U  L  K
L  N  E  R  D  N  A  C  H  U  O  D  E  L
A  G  K  E  A  B  A  D  I  A  N  A  G  A
W  B  U  T  G  A  I  B  B  U  X  Y  E  B
A  P  E  N  C  I  P  T  A  A  N  A  N  I
N  K  V  B  T  J  Y  G  I  Z  T  F  D  R
F  J  D  P  O  U  O  I  O  I  G  U  A  I
G  K  D  Q  P  E  R  I  L  A  K  U  L  N
```

POLA DASAR	PETIR
PERILAKU	PEJUANG
MAKHLUK	KEABADIAN
PENCIPTAAN	LABIRIN
BUDAYA	LEGENDA
BENCANA	GAIB
DEWA	FANA
PAHLAWAN	RAKASA
KEKUATAN	GUNTUR

15 - Piante

```
D E D A U N A N A P K K Y V
Y Z C S S Z V I K U E E W E
B R I S R E V C A P L B E G
R U M P U T M K R U O U Y E
G N G Y O W N A Z K P N Y T
G M M P W H T C K W A X K A
D T W N S U O A R I K X M S
I V Y V F T A N F L O R A I
K F C T K A D G A B X W G R
B E R R Y N G G W B A M B U
Y B L G C S G P V B U R S W
C D H V K K A K T U S N Z P
B O T A N I B A C Y S W G G
T L U M U T U M B U H Q L A
```

POHON
BERRY
BAMBU
BOTANI
KAKTUS
SEMAK
TUMBUH
IVY
RUMPUT
KACANG

PUPUK
BUNGA
FLORA
DEDAUNAN
HUTAN
KEBUN
LUMUT
KELOPAK
AKAR
VEGETASI

16 - Spezie

```
J  L  E  Q  U  K  F  V  A  N  I  L  A  M
P  I  H  K  V  P  A  L  A  N  J  A  K  A
A  C  N  L  C  L  U  P  A  H  I  T  P  N
P  O  H  T  K  A  R  I  U  R  V  S  M  I
R  R  P  P  E  S  S  O  R  L  K  T  E  S
I  I  O  M  T  N  K  X  G  A  A  R  B  L
K  C  R  O  U  R  E  Q  H  D  Y  G  J  Y
A  E  U  B  M  A  C  X  X  A  U  Q  A  G
S  T  P  F  B  S  A  I  V  L  M  Y  H  A
S  F  Y  S  A  A  B  P  D  E  A  A  E  R
H  S  F  A  R  T  U  V  J  B  N  R  O  A
O  B  A  W  A  N  G  P  U  T  I  H  X  M
B  A  W  A  N  G  A  D  A  S  S  C  Z  B
K  U  N  Y  I  T  D  H  X  N  Q  M  M  D
```

BAWANG PUTIH	ADAS
PAHIT	RASA
ANISE	LICORICE
KAYU MANIS	PALA
KAPULAGA	PAPRIKA
BAWANG	LADA
KETUMBAR	GARAM
JINTEN	VANILA
KARI	KUNYIT
MANIS	JAHE

17 - Numeri

```
S A T U T U J U H B E L A S
F G H L E H Y W K K G I N E
D U A P U L U H N E F M O P
E M P A T B E L A S Z A L U
D E S I M A L L I L H B Y L
T I G A B E L A S M X E P U
G I D E L A P A N U A L W H
T I W U G D U A B E L A S D
O G Q L A Y W C J P H S L Q
E N A M B S R E O N C A M R
S E M B I L A N X V Y M M K
D E L A P A N B E L A S O P
E M P A T T I G A T U J U H
E N A M B E L A S R Q R V P
```

LIMA	EMPAT
DESIMAL	LIMA BELAS
TUJUH BELAS	ENAM BELAS
DELAPAN BELAS	ENAM
SEPULUH	TUJUH
DUA BELAS	TIGA
DUA	TIGA BELAS
SEMBILAN	SATU
DELAPAN	DUA PULUH
EMPAT BELAS	NOL

18 - Cioccolato

```
E K S O T I S O R K O K K A
A R T I S A N A L A E R A N
Q R A A Q P Y X T K Y B L T
Y O X X S Y A R X A M U O I
X K K A R A M E L O X L R O
V U E M T G V S B G Y Q I K
H A V L F U G E A U J P D S
W L E Z A T U P H R B U U I
D I L Q V P L J A V O U Y D
B T V B O E A H N O K M K A
I A W X R R K A C A N G A N
R S P Y I M L S G Y F A U S
U N E D T E X T G R A S A F
P A H I T N O M A N I S M K
```

PAHIT	MANIS
ANTIOKSIDAN	EKSOTIS
KACANG	RASA
AROMA	BAHAN
ARTISANAL	KELAPA
KAKAO	BUBUK
KALORI	FAVORIT
PERMEN	KUALITAS
KARAMEL	RESEP
LEZAT	GULA

19 - Guida

```
A K L A L U L I N T A S B M
P V B N P O Z I X Q N P A O
R O V D N L E Z S R I E H T
D E L P E T A L R E N P A O
T I E I P G T K T M N B Y R
I K R K S Q K M C V L S A R
Q T T U K I E W T G M V I H
J T X P E J A L A N K A K I
S E P E D A M O T O R A H L
B J H G A R A S I M O B I L
X I J A L A N C G T P S U X
F S S S I U A C A A G S X B
G G B A H A N B A K A R M L
O Q Q K E C E L A K A A N H
```

MOBIL
BIS
BAHAN BAKAR
REM
GARASI
GAS
KECELAKAAN
LISENSI
PETA

SEPEDA MOTOR
MOTOR
PEJALAN KAKI
BAHAYA
POLISI
KEAMANAN
JALAN
LALU LINTAS

20 - Sport

```
S  T  E  X  K  J  B  Y  G  L  B  W  K  P
E  P  E  L  A  T  I  H  T  O  N  T  E  B
N  A  G  N  G  Y  P  B  P  X  R  V  J  H
A  S  Z  G  I  M  N  A  S  I  U  M  U  Y
M  L  J  W  C  S  B  S  E  P  E  D  A  W
H  P  Y  W  G  W  Y  K  T  B  U  R  R  I
P  E  M  A  I  N  Q  E  X  A  K  M  A  T
O  K  T  S  V  T  G  T  I  X  D  B  A  I
H  O  K  I  G  E  R  A  K  A  N  I  N  M
A  U  N  T  O  Q  U  U  Y  W  N  S  O  E
Y  T  V  R  L  E  S  S  X  J  A  B  Z  N
F  J  L  P  F  S  H  I  J  T  H  O  E  F
V  V  P  E  M  E  N  A  N  G  O  L  H  O
E  R  M  S  T  P  E  R  M  A  I  N  A  N
```

PELATIH	PERMAINAN
WASIT	GOLF
ATLET	HOKI
BISBOL	GERAKAN
BASKET	GIMNASIUM
SEPEDA	TIM
KEJUARAAN	STADION
SENAM	TENIS
PEMAIN	PEMENANG

21 - Giocattoli

```
D K E L O A S Y H U Q C T K
R R E V X N K E R E T A A E
L X U C W K Y W P U M T N R
P E R M A I N A N E H U A A
V I W B U K U G M X D R H J
D M F A V O R I T D A A L I
L A Y A N G L A Y A N G I N
B J P E S A W A T H S N A A
O I M O B I L C F E G B T N
N N V C B Q F A R O B O T D
E A X O F X N T B J Y G R H
K S C E I K B I O G P H U T
A I P E R A H U L U G B K O
T E K A T E K I A A X J Y N
```

PESAWAT
LAYANG-LAYANG
TANAH LIAT
KERAJINAN
MOBIL
BONEKA
PERAHU
DRUM
SEPEDA
TRUK

PERMAINAN
IMAJINASI
BUKU
BOLA
FAVORIT
TEKA-TEKI
ROBOT
CATUR
KERETA
CAT

22 - Uccelli

```
M E R P A T I B Q Z O B B Q
E L O P Z O Y Y U Y V U U V
F A W E D U D M O L J R R W
O N Z L K C B O B F U U U L
U G Q I Q A H G U L L N N U
P N Q K W N M E R A K G G G
B P P A N G S A U M E P B Z
E A E N R J K M N I N I E C
B W N N E Y O V G N A P O R
E S W G G S Z U H G R I B I
K F S V A U O I A O I T D A
T E L U R U I D N S S Y Z Y
B U R U N G U N T A O A E A
B R M X Y R B C U C K O O M
```

BEBEK
ELANG
KENARI
BANGAU
ANGSA
MERPATI
CUCKOO
FLAMINGO
GULL
BURUNG HANTU

BURUNG BEO
BURUNG PIPIT
MERAK
PELIKAN
PENGUIN
BULU
AYAM
BURUNG UNTA
TOUCAN
TELUR

23 - Giorni e Mesi

```
S  Z  Y  E  S  D  T  P  Z  D  Q  G  Q  E
E  V  R  U  F  E  B  R  U  A  R  I  L  J
P  S  A  G  U  S  T  U  S  W  P  H  G  U
T  J  O  S  Z  E  A  V  O  M  R  R  B  L
E  M  K  N  J  M  H  J  U  M  A  T  I  I
M  A  T  B  S  B  U  L  A  N  X  N  G  L
B  R  O  L  I  E  N  H  V  P  W  R  S  O
E  E  B  L  M  R  J  M  I  H  I  M  A  U
R  T  E  Y  I  A  U  A  B  S  E  N  I  N
K  M  R  E  Y  B  N  D  C  A  J  G  Y
M  I  N  G  G  U  I  O  R  U  Y  B  K  Q
N  O  V  E  M  B  E  R  B  U  A  F  T  M
R  A  A  A  K  A  L  E  N  D  E  R  R  U
E  X  N  S  E  L  A  S  A  W  S  C  I  B
```

AGUSTUS	SENIN
TAHUN	SELASA
APRIL	MARET
KALENDER	RABU
DESEMBER	BULAN
MINGGU	NOVEMBER
FEBRUARI	OKTOBER
JANUARI	SABTU
JUNI	SEPTEMBER
JULI	JUMAT

24 - Casa

```
L A N G I T L A N G I T S D
A S D A T A F R Z A Z F A I
M H L A N T A I B R B Q P N
P D H Y P U Z T K A H T U D
U H V A L U W G T S J E F I
P K E B U N R O M I K R L N
R E P I N T U T A C N F Z G
U R R P X Y J E N D E L A A
A A P A A T L W D P T N Q T
N N I X P G P E I I G Q A A
G A B G L I A L O T E N G P
A V S D Z K A R P E T W G Q
N O C E R M I N P G G M L C
P E R P U S T A K A A N M K
```

LOTENG	DINDING
PERPUSTAKAAN	LANTAI
RUANGAN	PINTU
PERAPIAN	PAGAR
DAPUR	KERAN
MANDI	SAPU
JENDELA	LANGIT-LANGIT
GARASI	CERMIN
KEBUN	KARPET
LAMPU	ATAP

25 - Ristorante #1

```
B  J  W  O  P  P  Q  R  F  O  M  E  N  U
N  L  W  B  E  P  I  Q  U  P  A  Y  A  M
U  A  J  U  O  I  P  S  R  U  K  O  P  I
Z  T  M  C  O  R  C  H  A  N  A  U  R  B
D  A  P  U  R  I  P  C  H  U  N  I  E  V
B  A  H  A  N  N  S  A  U  S  A  T  S  X
C  C  E  J  W  G  F  Y  J  D  N  S  E  T
P  E  N  C  U  C  I  M  U  L  U  T  R  J
Z  P  M  A  N  G  K  U  K  Y  S  D  V  R
E  E  P  E  L  A  Y  A  N  V  J  A  A  O
Y  D  S  E  R  B  E  T  S  R  A  G  S  T
T  A  L  E  R  G  I  A  J  Q  D  I  I  I
U  S  N  L  R  D  G  U  R  K  A  N  T  W
G  E  F  D  K  J  K  A  S  I  R  G  Y  Z
```

ALERGI	BAHAN
KOPI	MENU
PELAYAN	ROTI
DAGING	PIRING
KASIR	PEDAS
MAKANAN	AYAM
MANGKUK	RESERVASI
PISAU	SAUS
DAPUR	SERBET
PENCUCI MULUT	

26 - Fantascienza

```
O Z D Q N U R L O D J A F Z
B R F I R Z E E A P K T U X
Q Z A E W I A D R O B O T A
V K N C G A L A K S I M U P
O U T T L A I K V T L Z R B
G T A R Y E S A I E U I I I
U O S P X V T N B K S M S O
V P T D L W I D U N I A T S
G I I D R A S P Q O D J I K
Y A S A P I N G N L A I K O
N L I S P L Y E O O M N C P
X Z J B U K U U T G Z E F A
X D F D I S T O P I A R K Y
N U U X C B Y E K S T R E M
```

ATOM
BIOSKOP
DISTOPIA
LEDAKAN
EKSTREM
FANTASTIS
API
FUTURISTIK
GALAKSI
ILUSI

IMAJINER
BUKU
GAIB
DUNIA
ORACLE
PLANET
REALISTIS
ROBOT
TEKNOLOGI
UTOPIA

27 - Città

```
H K B O T O K O B U K U C S
Y Q I M B A N D A R A T O U
K O O H O T E L N E T F F P
M U S E U M P D K Z N L E E
K T K T Y S N A Y B I O V R
L L O O Z R E G S Y X R C M
I Z P K U E N K R A I I F A
N J Y O O S D D O H R S A R
I X E R S T G Q B L T T R K
K H G O J O A T Y T A I M E
T E A T E R L C I T W H A T
B B A I B A E E I R C I S T
H B N Q R N R B S N N P I S
U B V X P W I S T A D I O N
```

BANDARA	PASAR
BANK	MUSEUM
BIOSKOP	TOKO
KLINIK	TOKO ROTI
FARMASI	RESTORAN
FLORIST	SEKOLAH
GALERI	STADION
HOTEL	SUPERMARKET
TOKO BUKU	TEATER

28 - Virtù #1

```
C C E B E R S I H P K F S A
L E J F N C R I A D Q S L R
W U R Z I M Q S N E U E D T
R A C D N S G D X R G D G I
S W J U A X I W K M H E V S
A D P F S S Y E C A H R E T
B V M M Y U G I N W L H R I
A D E B I J A K S A N A B K
R N N T K I R O P N L N A P
P J A M A N D I R I Q A G Y
B U W M E M B A N T U A U K
P R A K T I S U M H E U S R
J N N M E N E N T U K A N S
P E N A S A R A N A D K Y R
```

MENAWAN   MANDIRI
ASYIK   CERDAS
ARTISTIK   SEDERHANA
BAGUS   SABAR
PENASARAN   PRAKTIS
MENENTUKAN   BERSIH
LUCU   BIJAKSANA
EFISIEN   MEMBANTU
DERMAWAN

29 - Compleanno

```
K E N A N G A N O K B L R G
T C D X W M P E R A Y A A N
H A R I O V R U F L M G I Y
K Y L I V X C S N E O U D O
T H L I L I N W C N J P D U
N B A K M L R L I D N J O A
T A H U N U W W X E O T K P
D E I E W A K T U R C E A U
B C R V B K H U S U S M R F
R X C Z L A D W Q E C A T T
H A D I A H T O M Z N N U I
V E K U N D A N G A N A U F
M E N Y E N A N G K A N N R
K E B I J A K S A N A A N G
```

TEMAN
TAHUN
KALENDER
LILIN
LAGU
KARTU
PERAYAAN
MENYENANGKAN
SENANG
HARI

MUDA
HEBAT
UNDANGAN
LAHIR
HADIAH
KENANGAN
KEBIJAKSANAAN
KHUSUS
WAKTU
KUE

30 - Fattoria #1

```
P  L  C  Z  L  E  E  T  X  P  T  J  B  W
H  E  M  N  P  S  T  B  P  G  P  E  E  U
K  B  R  K  K  A  W  A  N  A  N  R  T  B
U  A  P  T  G  Y  T  B  S  Y  K  A  I  E
D  H  M  C  A  A  K  I  B  A  Y  M  S  N
A  B  B  B  B  N  P  C  Z  M  L  I  G  G
N  I  U  E  I  G  I  U  F  S  Z  X  X  G
J  Z  X  N  D  N  O  A  P  K  L  T  V  D
I  J  W  I  A  G  G  B  N  U  S  G  L  F
N  M  J  H  N  T  C  O  Y  C  K  K  P  H
G  A  P  A  G  A  R  Q  E  I  R  D  A  I
K  E  L  E  D  A  I  U  I  N  A  S  I  C
H  H  C  M  D  O  S  F  A  G  N  G  R  T
V  A  R  D  E  F  F  F  S  A  P  I  S  B
```

AIR	KUCING
PERTANIAN	KAWANAN
LEBAH	BABI
KELEDAI	SAYANG
BIDANG	SAPI
ANJING	AYAM
KAMBING	PAGAR
KUDA	NASI
PUPUK	BENIH
JERAMI	BETIS

31 - Paesaggi

```
P V T M D K X Z Q D I F S L
A D T G P G G V N A T G E E
N C T K U G U N U N G E S M
T F L K L N R G X A I K J B
A B U G A J U Z L U L Y C A
I X A A U I N N P E W A X H
W L S U N G A I G P T F I M
G U A I R T E R J U N S S I
E X H U B U K I T J T N E U
Y Y T Y T F E B U T Z N R R
S P O N T T G E N I O V A F
E F V H E W C N D E E D W C
R D U N E S U E R L V W A V
G W P W V J A O A S I S X O
```

AIR TERJUN
BUKIT
GURUN
DUNES
SUNGAI
GEYSER
GLETSER
GUA
GUNUNG ES

PULAU
DANAU
LAUT
GUNUNG
OASIS
RAWA
PANTAI
TUNDRA
LEMBAH

32 - Ristorante #2

```
K U R S I I M P R C P P S I
C C S A L A D E E X E T A A
U E G P I V M M M X L E Y T
T O E Y C R I B P L A L U W
M I N U M A N U A S Y U R I
P K N K T O M K H E A R A A
C A C H M Z F A R N N G N O
W N E G B U A H E D K N D Q
N Z W L A K U O M O H U B D
G A R A M R V E P K B E E A
S Q D Q Q D P S A L E Z A T
U I N T Q H L U H P G P L W
P Y M A K A N M A L A M Z Y
X M A K A N S I A N G O B E
```

AIR	SALAD
PEMBUKA	SUP
MINUMAN	IKAN
PELAYAN	MAKAN SIANG
MAKAN MALAM	GARAM
SENDOK	KURSI
LEZAT	REMPAH-REMPAH
GARPU	KUE
BUAH	TELUR
ES	SAYURAN

33 - Giardino

```
G F Z K O U E V V D U B O M
Q K E V O Q I E I M X L R E
H I E U O L B J N S P B C N
W Y C Z C W A T E R A S H Y
C Q D D Y G T M M W G E A A
R U M P U T U S P H A K R P
B A N G K U V E E O R O D U
T R A M P O L I N L H P B G
T A N A H E K S S O A O U U
K M G P H J E E X C C N N L
S X K S U Q B M O M I Y G M
J W A M B R U A U N F J A A
M V P P R J N K H E Q I F Q
B E R A N D A G A R A S I X
```

POHON
SEMAK
RUMPUT
GULMA
BUNGA
ORCHARD
GARASI
KEBUN
SEKOP
BANGKU

BERANDA
MENYAPU
PAGAR
BATU
KOLAM
TANAH
TERAS
TRAMPOLIN
SELANG
VINE

34 - Frutta

```
C C P A N G G U R A P E L B
N B E R C Q F V V G M A L L
X P R Z E O L A M P H L X A
G Q S H I M R P S Y G P P C
X H I Y M E N J X L T U E K
T I K O T L E J E R U K P B
C E R I M O C G H T D A A E
N A N A S N T M K W P T Y R
K E G O P M A N G G A P A R
I M Y B E R R Y G W T I E Y
W G Q P X M I A V K M S Z A
I P I R Q S N K V D D A I B
A K U K V L E M O N Q N K J
R A S P B E R R Y T C G T A
```

APRIKOT   MANGGA
NANAS   APEL
JERUK   MELON
ALPUKAT   BLACKBERRY
BERRY   NECTARINE
PISANG   PEPAYA
CERI   PIR
KIWI   PERSIK
RASPBERRY   PREM
LEMON   ANGGUR

35 - Fattoria #2

```
D  T  Z  C  V  X  Q  F  Q  G  B  L  R  B
N  Z  R  S  G  G  V  B  E  E  H  I  V  E
A  H  J  T  W  U  E  C  V  I  X  W  Z  B
G  W  I  K  G  D  S  M  A  T  A  N  G  E
A  O  R  C  H  A  R  D  B  M  X  N  T  K
N  N  I  N  Q  N  N  W  S  A  Q  O  B  T
D  N  G  S  K  G  L  G  J  E  L  A  I  R
U  I  A  D  O  M  B  A  S  G  L  A  N  A
M  Q  S  V  W  B  L  P  U  A  A  X  A  K
D  A  I  X  Y  X  U  Z  S  I  M  R  T  T
M  A  K  A  N  A  N  A  U  R  A  C  A  O
P  E  T  A  N  I  M  T  H  Y  I  I  N  R
P  A  D  A  N  G  R  U  M  P  U  T  G  K
J  A  G  U  N  G  Z  T  F  M  V  V  D  Q
```

PETANI
BEEHIVE
BEBEK
BINATANG
MAKANAN
GUDANG
BUAH
ORCHARD
GANDUM
IRIGASI

LLAMA
SUSU
JAGUNG
MATANG
ANGSA
JELAI
GEMBALA
DOMBA
PADANG RUMPUT
TRAKTOR

36 - Dinosauri

```
P  H  R  I  S  O  D  V  G  Q  K  U  A  T
R  U  I  E  M  A  N  G  S  A  A  P  H  S
Z  K  F  L  P  J  Y  Y  L  P  R  R  E  E
B  U  M  I  A  T  J  A  P  J  N  A  R  T
E  R  A  H  M  N  I  M  P  E  I  S  B  A
S  A  M  G  V  Q  G  L  G  N  V  E  I  N
A  N  M  I  L  J  M  N  S  I  O  J  V  O
R  F  O  S  I  L  M  N  Y  S  R  A  O  M
S  V  T  R  A  P  T  O  R  A  A  R  R  N
T  S  H  E  V  O  L  U  S  I  T  A  A  I
X  R  G  J  Q  C  Q  V  I  A  R  H  T  V
G  U  C  C  W  X  J  X  G  F  H  V  L  O
T  F  V  G  J  P  O  R  S  B  Y  S  O  R
E  K  O  R  N  V  S  O  M  T  S  G  W  A
```

SAYAP	MANGSA
KARNIVORA	PRASEJARAH
EKOR	RAPTOR
HERBIVORA	REPTIL
EVOLUSI	HILANGNYA
FOSIL	JENIS
BESAR	UKURAN
MAMMOTH	BUMI
OMNIVORA	SETAN
KUAT	

37 - Verdure

```
P H K A C A N G W X J H O F
B A W A N G P U T I H A L E
J J M G F G M Z V X Z V H P
I V O G U T E N W S T Q U E
M F B A W A N G M E R A H T
W O R T E L T R F L P Z I E
H M B E Y M I B Q E A V U R
B A Y A M E M B T D R B W S
B Z S P A V U D J R G R U E
A J A M U R N B G I Z O U L
W J L I A R T I C H O K E I
A Q A C T O M A T E R O N G
N U D Q X U L O B A K L K X
G K P R K E N T A N G I H F
```

BAWANG PUTIH
BROKOLI
ARTICHOKE
WORTEL
MENTIMUN
BAWANG
JAMUR
SALAD
TERONG
ZAITUN

KENTANG
KACANG
TOMAT
PETERSELI
LOBAK
BAWANG MERAH
SELEDRI
BAYAM
JAHE
LABU

38 - Scuola #2

```
M  P  K  U  P  S  A  Z  C  K  G  Z  B  G
R  V  A  E  M  B  U  K  U  A  A  E  V  W
P  G  L  T  R  J  Y  U  X  Y  Z  M  D  F
N  U  E  A  D  T  H  H  Y  E  B  Y  U  W
M  N  N  T  P  M  A  X  A  Q  D  I  E  S
A  T  D  A  K  J  I  S  O  T  B  O  S  V
T  I  E  B  S  A  K  A  D  E  M  I  K  B
E  N  R  A  E  P  E  R  M  A  I  N  A  N
M  G  Z  H  P  E  N  D  I  D  I  K  A  N
A  U  A  A  P  E  N  S  I  L  I  C  E
T  R  F  S  T  S  A  S  T  R  A  L  U  R
I  U  E  A  U  R  A  N  S  E  L  M  I  T
K  K  O  M  P  U  T  E  R  W  B  U  I  Q
A  P  E  R  P  U  S  T  A  K  A  A  N  B
```

AKADEMIK	TATA BAHASA
BIS	GURU
PERPUSTAKAAN	SASTRA
KALENDER	BUKU
KERTAS	MATEMATIKA
KOMPUTER	PENSIL
KAMUS	SEPATU
PENDIDIKAN	ILMU
GUNTING	RANSEL
PERMAINAN	

39 - Barbecue

```
U  H  A  A  P  M  P  P  F  B  R  K  U  H
R  V  A  I  O  A  T  O  M  A  T  E  N  X
Y  V  X  P  P  K  N  F  Z  W  C  L  D  A
G  G  K  E  L  A  P  A  R  A  N  U  A  C
M  U  S  I  K  N  R  G  S  N  N  A  N  E
J  H  O  Y  D  S  G  K  K  G  F  R  G  Q
P  E  R  M  A  I  N  A  N  R  F  G  A  N
N  I  J  Z  L  A  V  Y  P  I  S  A  N  M
C  S  S  Z  I  N  Y  N  X  L  U  A  W  T
S  T  A  A  B  G  M  A  H  L  N  L  U  N
A  W  L  M  U  S  I  M  P  A  N  A  S  S
Y  M  A  K  A  N  M  A  L  A  M  D  I  E
A  I  D  W  H  G  A  R  A  M  U  A  N  A
M  A  K  A  N  A  N  G  D  R  H  O  K  L
```

PANAS	GRILL
MAKAN MALAM	SALAD
MAKANAN	UNDANGAN
BAWANG	MUSIK
PISAU	LADA
MUSIM PANAS	AYAM
KELAPARAN	TOMAT
KELUARGA	MAKAN SIANG
BUAH	GARAM
PERMAINAN	SAUS

40 - Riempire

```
S Q B A K I W J I J Z F S S
T E A K K W K A R T O N P A
A B S R G B A R E L A C I K
B C K E R A N J A N G V R U
U B O K O T A K A E N T S A
N K M G O H J B T R P Q V Z
G A M A P Z P C O Z Q F C L
V P P V N R C R G T V E Z X
S A J A M P L O P J O G W R
E L N S K X U P W Q B L B N
N M L U W E W E F U M V L Q
D B B I C S T T N L F N O L
C N G E Z G A I K O P E R Q
I P O U R Y S I W Y Y C B T
```

BASKOM
BAREL
TAS
BOTOL
AMPLOP
MAP
KARTON
PETI
LACI
KERANJANG

KAPAL
PAKET
KOTAK
EMBER
SAKU
TABUNG
KOPER
VAS
BAKI

41 - Insetti

```
S L T K Z U T C K R A Y A P
H E B U U A G A S E W F W P
O B M P S M S T N P C U Y W
R A K U T U B L X P C O C X
N H M K T G C A C I N G A L
E E A U A B A R N T W P P A
T H N P W R P V R G H N H D
X E T U O U U A J Z M Z I Y
H O I D N K N F C R E E D B
S Q S X I N G E N G A T N U
Y Y S J A N G K R I K L F G
N Y A M U K R X G C D O U O
G D A M T L B U R T N F M U
R B E L A L A N G D E J R R
```

APHID
LEBAH
HORNET
BELALANG
JANGKRIK
LADYBUG
KUMBANG
NGENGAT
KUPU-KUPU
SEMUT

LARVA
CAPUNG
MANTIS
AGAS
KUTU
KECOA
RAYAP
CACING
TAWON
NYAMUK

42 - Erboristeria

```
P  K  O  S  L  Y  E  A  A  M  I  N  T  J
L  E  E  F  J  N  Q  Z  R  A  W  R  P  K
A  U  T  M  E  W  K  V  O  R  Z  M  E  J
V  K  A  E  A  A  U  C  M  J  A  D  A  S
E  U  R  C  R  N  L  M  A  O  E  R  Q  B
N  N  R  K  O  S  G  D  T  R  O  Z  A  I
D  Y  A  E  S  Z  E  I  I  A  U  L  E  K
E  I  G  B  E  M  V  L  K  M  Q  M  T  U
R  T  O  U  M  Z  N  H  I  J  A  U  G  L
B  A  N  N  A  K  U  A  L  I  T  A  S  I
U  P  V  V  R  B  A  H  A  N  X  Q  T  N
N  S  M  G  Y  O  R  E  G  A  N  O  I  E
G  B  A  W  A  N  G  P  U  T  I  H  M  R
A  G  C  E  Y  T  J  P  X  W  U  M  I  B
```

BAWANG PUTIH	LAVENDER
DIL	MARJORAM
AROMATIK	MINT
KEMANGI	OREGANO
KULINER	PETERSELI
TARRAGON	KUALITAS
ADAS	ROSEMARY
BUNGA	TIMI
KEBUN	HIJAU
BAHAN	KUNYIT

43 - Danza

```
K S Q H A A K M V P D C R E
T O E M G N R D I Y A C A M
R U R N Z O U I S A C V H E
A M E E I T T V U D Z U M L
D I K B O G E R A K A N A O
I T S K U G X M L F O J T M
S R P L P D R N L S I K A P
I A R A H T A A F E R U Z A
O C E S T T R Y F R A R W T
N W S I U B U N A I M J A M
A O I K B W S C F G A L F U
L G F K U Z E M O S I I P S
L A T I H A N A K A D E M I
K U L T U R A L F D W I L K
```

AKADEMI
SENI
KLASIK
MITRA
KOREOGRAFI
TUBUH
BUDAYA
KULTURAL
EMOSI
EKSPRESIF

RAHMAT
GERAKAN
MUSIK
SIKAP
LATIHAN
IRAMA
MELOMPAT
TRADISIONAL
VISUAL

44 - Commedia

```
B P T J T E L E V I S I T I
D A D W A R E K C B H W E M
Z R D L W M L S E D U U P P
X O S U A H U P R D M L U R
H D J C T U C R D E O A K O
Q I V U I H O E I U R W T V
X A T W Z A N S K E C X A I
J N K R V V O I R N M K N S
S I U T A A P F L S I F G A
K B L O O C K G E N R E A S
D H W F G R K T B J Q L N I
H A D I R I N N R M V N E L
T E A T E R B B W I K E R M
Q O C U W O S E Y H S S M J
```

TEPUK TANGAN	CERDIK
AKTOR	PARODI
AKTRIS	HADIRIN
BADUT	TAWA
LUCU	LELUCON
EKSPRESIF	TEATER
GENRE	TELEVISI
IMPROVISASI	HUMOR

45 - Scuola #1

```
W W P O K U I S V P M M O A
W S E E B E U V O E A E G L
M U N Z N K R S L R K N Y F
N T A B E S I T J P A Y G A
B U D N N O I W A U N E G B
U C K Z O V I L W S S N U E
K F E V N M F L A T I A R T
U J I A N Q O F B A A N U F
K U R S I Y L R A K N G J J
K E L A S A D J N A G K Q E
M I R O R N E E H A O A V A
T E M A N D R Y L N Q N F H
M A T E M A T I K A T E T U
K M I E N Y U U W B N G P H
```

ALFABET
TEMAN
KELAS
PERPUSTAKAAN
KERTAS
FOLDER
MENYENANGKAN
UJIAN
GURU

BUKU
MATEMATIKA
PENSIL
NOMOR
PENA
MAKAN SIANG
KUIS
JAWABAN
KURSI

46 - Fiori

```
D  L  I  L  Y  U  T  T  L  D  J  B  W  P
A  A  O  G  F  H  I  B  I  S  C  U  S  A
I  M  N  O  F  U  U  L  I  O  K  C  S
S  R  D  D  Z  T  U  M  A  J  T  E  X  S
Y  E  P  X  E  U  R  O  C  Q  Z  T  I  I
G  Z  M  O  R  L  A  N  G  G  R  E  K  O
A  H  A  A  P  I  I  P  E  O  N  Y  S  N
R  M  W  F  N  P  Y  O  O  T  O  K  A  F
D  E  A  A  D  G  Y  U  N  Q  I  K  D  L
E  L  R  W  M  A  G  N  O  L  I  A  L  O
N  P  L  U  M  E  R  I  A  A  Z  B  O  W
I  J  Q  M  H  O  K  E  L  O  P  A  K  E
A  L  A  V  E  N  D  E  R  R  H  Q  T  R
M  E  L  A  T  I  D  A  F  F  O  D  I  L
```

DANDELION	DAFFODIL
GARDENIA	ANGGREK
MELATI	POPPY
LILY	PASSIONFLOWER
HIBISCUS	PEONY
LAVENDER	KELOPAK
LILAC	PLUMERIA
MAGNOLIA	MAWAR
DAISY	SEMANGGI
BUKET	TULIP

47 - Ecologia

```
Q  W  P  K  P  R  Q  J  V  Q  W  H  K  B
P  Y  Q  E  L  E  E  E  S  C  B  I  A  A
B  E  R  K  E  L  A  N  J  U  T  A  N  Q
V  E  G  E  T  A  S  I  S  Z  D  M  D  T
Y  S  U  R  A  W  A  S  E  Q  B  D  S  A
K  U  N  I  H  A  B  I  T  A  T  L  R  N
O  M  U  N  O  N  A  V  F  A  U  N  A  A
M  B  N  G  L  O  B  A  L  I  P  T  R  M
U  E  G  A  A  H  J  R  O  O  K  B  R  A
N  R  I  N  L  K  J  I  R  O  G  L  S  N
I  D  F  D  A  A  K  A  A  Q  X  I  I  J
T  A  T  W  M  K  M  S  T  V  I  A  E  M
A  Y  L  A  U  T  U  I  C  S  F  S  Q  E
S  A  P  E  R  B  E  D  A  A  N  L  G  J
```

IKLIM
KOMUNITAS
PERBEDAAN
FAUNA
FLORA
GLOBAL
HABITAT
LAUT
GUNUNG
ALAM

ALAMI
RAWA
TANAMAN
SUMBER DAYA
KEKERINGAN
BERKELANJUTAN
JENIS
VARIASI
VEGETASI
RELAWAN

48 - Discipline Scientifiche

```
A T A N A T O M I B C B T X
R B E U G M K K K I M I A L
K O B R A S O S I O L O G I
E T M R M S E K H L R K E N
O A E W I O T V D O C I K G
L N T X T X D R J G I M O U
O I E Q D U M I O I E I L I
G E O L O G I E N N O A O S
I N R S Y T U G K A O R G T
B D O K E Y Q W E A M M I I
W U L Z O O L O G I N I I K
X I O P S I K O L O G I K Q
D R G N E U R O L O G I K A
R D I M U N O L O G I Q M A
```

ANATOMI
ARKEOLOGI
ASTRONOMI
BIOKIMIA
BIOLOGI
BOTANI
KIMIA
EKOLOGI
GEOLOGI

IMUNOLOGI
LINGUISTIK
MEKANIKA
METEOROLOGI
NEUROLOGI
PSIKOLOGI
SOSIOLOGI
TERMODINAMIKA
ZOOLOGI

49 - Scienza

```
N H Z G I E F F I I A F D Y
G M I R H Q O J L J K T C T
T I F P X D S W M I U L O O
Q N I X O A I C U E P C I M
V E S Q H T L L W V F T U M
R R I N H A E Y A O A L A M
T A K V U D J S N L S Q N K
M L A O O B L O I U D K Z K
O R G A N I S M E S E I S M
L A B O R A T O R I U M F E
E P E R C O B A A N G R A T
K F D O B S E R V A S I K O
U B A H A N K I M I A O T D
L P A R T I K E L Y W D A E
```

ATOM
BAHAN KIMIA
IKLIM
DATA
PERCOBAAN
EVOLUSI
FAKTA
FISIKA
FOSIL
HIPOTESIS

LABORATORIUM
METODE
MINERAL
MOLEKUL
ALAM
ORGANISME
OBSERVASI
PARTIKEL
ILMUWAN

50 - Acqua

```
P M D L C G T H U X U M K L
E S G A A I D U S X R E K E
N P E U N T M J M H R A D M
G P L T K A N A L V P O M B
U C O U O E U N E Q D S Q A
A I M H O Y L G E Y S E R B
P Q B H C F X E Y I P M E F
A K A S A L J U M M I B H O
N G N S S U A P M B B U Z M
B Z G O M U S I M B A N I O
M A N D I A N H S I D B V E
B R L D O I P G P S A E A G
Y B B E I R I G A S I K P N
P B A N J I R I Z I F U D Y
```

BANJIR
KANAL
MANDI
PENGUAPAN
SUNGAI
EMBUN BEKU
GEYSER
ES
IRIGASI
DANAU

MUSIM
SALJU
LAUT
GELOMBANG
HUJAN
KELEMBABAN
LEMBAB
BADAI
UAP

51 - Gatti

```
H  Z  N  A  P  W  H  C  A  K  A  R  Z  P
C  E  R  I  A  T  H  M  E  W  C  H  Y  E
V  K  Q  B  I  A  S  A  C  I  D  U  L  N
W  A  A  O  Z  B  E  N  A  N  G  N  I  A
K  E  P  R  I  B  A  D  I  A  N  T  A  S
I  V  K  F  T  Y  L  I  N  M  F  E  R  A
P  P  Y  O  U  I  N  R  P  U  A  R  A  R
B  U  L  U  R  W  D  I  R  V  K  L  V  A
L  U  C  U  Z  O  G  U  G  I  L  A  U  N
T  E  T  I  K  U  S  Z  R  K  F  A  N  L
R  I  P  D  A  D  A  X  R  E  F  K  B  R
E  O  U  O  K  B  H  D  H  C  T  X  E  Y
Q  U  X  G  I  O  Q  T  H  I  X  K  Y  S
C  E  P  A  T  R  F  J  P  L  H  B  V  G
```

CAKAR   GILA
HUNTER   BULU
EKOR   KEPRIBADIAN
PENASARAN   KECIL
LUCU   LIAR
TIDUR   MALU
BENANG   TETIKUS
CERIA   CEPAT
MANDIRI   KAKI

52 - Surf

```
P N P N C U A C A U Q W P M
F O K E C E P A T A N F E E
F U P B R R J U A R A W M N
Z K M U G U Q J I B A O U Y
E E N S L K T U P R A J L E
U K Q A A E K S T R E M A N
M U R O U R R T A D D M Y A
E A H Y T A Z F E H A S I N
L T Q V T M T Y K R Y P I G
A A R U M A T L E T U R Y K
M N A O M I E W S T N M O A
B I F D G A Y A W A G U B N
A P L N Y N G P A N T A I U
I B P E E C G S E C Y X I O
```

ATLET
JUARA
MENYENANGKAN
EKSTREM
KERAMAIAN
KEKUATAN
CUACA
LAUT
MELAMBAI

DAYUNG
POPULER
PEMULA
BUSA
TERUMBU
PANTAI
GAYA
PERUT
KECEPATAN

53 - Imbarcazioni

```
S  N  J  G  C  Y  G  B  K  I  T  P  V  F
G  U  A  O  R  U  M  A  A  D  I  E  M  Q
Z  B  N  R  V  N  A  H  Y  A  A  R  X  W
C  M  G  G  L  Z  R  A  A  N  N  A  K  R
W  S  K  T  A  L  I  R  K  A  G  H  X  O
O  W  A  A  U  I  T  I  M  U  K  U  Y  Q
M  H  R  B  T  M  I  L  X  Z  A  L  I  Y
P  A  S  A  N  G  M  A  F  Y  P  A  Z  M
P  E  L  A  M  P  U  N  G  O  A  Y  Y  E
F  M  A  W  A  K  A  N  O  M  L  A  A  E
P  E  L  A  U  T  F  T  T  B  R  R  C  Z
W  S  R  K  R  A  K  I  T  A  S  Q  H  O
L  I  A  I  U  B  A  I  D  K  M  D  T  U
T  N  M  W  R  I  X  A  Z  T  E  F  M  F
```

TIANG KAPAL	LAUT
JANGKAR	PASANG
PERAHU LAYAR	PELAUT
PELAMPUNG	MARITIM
KANO	MESIN
TALI	BAHARI
AWAK	OMBAK
SUNGAI	FERI
KAYAK	YACHT
DANAU	RAKIT

54 - Api

```
B U N G A F Z F I E D N S J
S E R A N G G A N P Y R A S
W L R H A B I T A T C S R W
N J A M S U F I M B I A A E
K W T T A N A M A N U Y N K
A E U F Y N O V K V N A G A
A K B D A L F Q A Z O N H W
S F N U P U S A N T Y G N A
A H F C N L C U A L I L I N
P M E K A R C E N T R S E A
E K O S I S T E M U L C S N
S E R B U K S A R I E V H P
P E R B E D A A N S X Z H J
M A T A H A R I X W J S A W
```

SAYAP	ASAP
SARANG	KEBUN
BERMANFAAT	HABITAT
LILIN	SERANGGA
MAKANAN	SAYANG
PERBEDAAN	TANAMAN
EKOSISTEM	SERBUK SARI
BUNGA	RATU
MEKAR	KAWANAN
BUAH	MATAHARI

55 - Conservazione

```
R P O H M O R H K L I N P E
P E S T I S I D A U K U E E
E R I X G J Y V J B L X R V
N H K E C Y A L A M I V U Y
D A L G G V I U V Z M T B E
I T U T F L R Q J Q E C A L
D I S S G M Q X N J N R H T
I A W O O D T C Z E G A A N
K N H B R E N T D J U U N X
A R W O K G W W W D R O O V
N K E S E H A T A N A M D Y
D A U R U L A N G P N W R E
P O L U S I M L I S G P C L
E K O S I S T E M K I B W G
```

AIR
PERUBAHAN
SIKLUS
IKLIM
EKOSISTEM
PENDIDIKAN
HABITAT
POLUSI

ALAMI
ORGANIK
PESTISIDA
PERHATIAN
DAUR ULANG
MENGURANGI
KESEHATAN
HIJAU

56 - Strumenti Musicali

```
M  H  K  R  H  Y  S  T  R  O  M  B  O  N
A  A  D  E  W  D  W  E  N  W  A  L  H  R
N  R  T  B  I  O  L  A  R  F  I  Q  A  H
D  P  B  A  S  S  O  O  N  U  T  I  R  L
O  A  M  N  A  J  P  J  K  E  L  S  M  H
L  N  A  A  K  Y  E  G  H  Z  G  I  O  I
I  T  R  M  S  C  R  B  A  N  J  O  N  R
N  W  I  U  O  Q  K  C  W  Z  A  R  I  G
Z  L  M  C  F  L  U  Y  Q  O  B  B  K  O
N  J  B  B  O  G  S  G  L  C  R  T  A  N
X  D  A  M  N  C  I  M  N  X  G  D  R  G
T  E  R  O  M  P  E  T  P  I  A  N  O  O
R  S  E  U  U  O  K  Q  A  E  Q  T  B  I
B  L  A  D  M  U  O  Z  F  R  K  S  O  P
```

HARMONIKA	OBO
HARPA	PERKUSI
BANJO	PIANO
GITAR	SAKSOFON
BASSOON	REBANA
SERULING	DRUM
GONG	TEROMPET
MANDOLIN	TROMBON
MARIMBA	BIOLA

57 - Professioni #2

```
X G W A R T A W A N I H I R
Y U A S T R O N O T N N Z N
Q R O H J D W F I L S U F I
A U K G T D I H G S I T F L
C H V W D O K T E R N U O U
P U S T A K A W A N Y K T S
E E B I N T F S A V U A O T
L D N G L E T W R C R N G R
U Q I E Q R I L C O Z G R A
K D X C L G P F C Q Y K A T
I P E N Y I D I K Z N E F O
S J P W Z G T L L A S B E R
J U P X J I P I Q O J U R H
W F M C P E N E M U T N T Q
```

ASTRONOT

PUSTAKAWAN

DOKTER GIGI

FILSUF

FOTOGRAFER

TUKANG KEBUN

WARTAWAN

ILUSTRATOR

INSINYUR

GURU

PENEMU

PENYIDIK

DOKTER

PILOT

PELUKIS

PENELITI

58 - Letteratura

```
G Z A N A L I S I S A J A K
P E N U L I S C R V L K I B
B I O G R A F I Z D D E R Y
T E M A P A P U I T I S A E
G Z J M E T A F O R A I M G
K E W N H T N Q S X L M A A
P E N D A P A T Y Z O P H Y
M G P R L J L N S B G U Z A
Q U N D E G O I O R J L H K
C U S L M O G O Y V P A J V
S Y G F P U I S I B E N N I
R S P A N E K D O T T L E L
D W P E R B A N D I N G A N
D E S K R I P S I L K Q J H
```

ANALISIS
ANALOGI
ANEKDOT
PENULIS
BIOGRAFI
KESIMPULAN
PERBANDINGAN
DESKRIPSI
DIALOG
GENRE

METAFORA
PENDAPAT
PUISI
PUITIS
SAJAK
IRAMA
NOVEL
GAYA
TEMA

59 - Cibo #2

```
H  J  O  M  F  J  W  B  J  R  C  E  R  I
A  A  P  E  L  R  F  R  Z  H  O  Z  D  X
M  M  N  A  S  I  H  O  K  K  K  U  Z  B
R  U  A  V  Y  K  G  K  I  V  L  R  I  M
O  R  O  T  I  A  S  O  W  J  A  X  T  S
P  S  Y  U  E  N  M  L  I  R  T  K  A  E
K  E  J  U  P  L  H  I  V  H  B  K  J  N
S  L  P  Q  B  W  U  W  A  F  B  B  D  J
K  E  Z  I  S  O  C  R  N  S  Z  J  B  B
V  D  A  U  S  B  O  T  G  V  G  A  Z  H
G  R  U  Q  J  A  C  Q  G  K  S  J  O  C
O  I  Q  A  G  A  N  D  U  M  C  S  B  N
T  E  R  O  N  G  X  G  R  Y  A  J  Q  V
Y  O  G  H  U  R  T  T  O  M  A  T  S  N
```

PISANG	ROTI
BROKOLI	IKAN
CERI	AYAM
COKLAT	TOMAT
KEJU	HAM
JAMUR	NASI
GANDUM	SELEDRI
KIWI	TELUR
APEL	ANGGUR
TERONG	YOGHURT

60 - Nutrizione

```
A  K  P  W  K  K  U  A  L  I  T  A  S  R
B  A  R  I  X  E  S  E  H  A  T  R  F  G
E  L  O  N  A  F  S  U  M  A  K  A  N  F
R  O  T  W  J  I  I  E  Z  Y  N  C  S  E
A  R  E  P  Q  C  A  A  H  K  V  U  A  R
T  I  I  M  E  C  M  I  O  A  H  N  U  M
Y  R  N  J  F  N  J  D  A  I  T  P  S  E
C  A  I  R  A  N  C  D  I  E  T  A  E  N
R  E  M  P  A  H  R  E  M  P  A  H  N  T
R  X  D  O  S  W  S  T  R  C  M  I  M  A
V  I  T  A  M  I  N  T  H  N  G  T  C  S
S  E  I  M  B  A  N  G  U  D  A  I  D  I
K  A  R  B  O  H  I  D  R  A  T  A  Z  F
B  L  B  I  S  A  D  I  M  A  K  A  N  I
```

PAHIT	GIZI
NAFSU MAKAN	BERAT
SEIMBANG	PROTEIN
KALORI	KUALITAS
KARBOHIDRAT	SAUS
BISA DIMAKAN	KESEHATAN
DIET	SEHAT
PENCERNAAN	REMPAH-REMPAH
FERMENTASI	RACUN
CAIRAN	VITAMIN

61 - Matematica

```
P  E  S  P  G  S  F  W  T  S  H  G  X  P
R  E  O  Q  P  E  R  S  E  G  I  E  D  A
V  A  R  F  O  R  A  V  R  T  H  O  I  R
P  G  D  I  G  T  K  P  R  J  M  M  A  A
A  O  G  I  M  M  S  U  D  U  T  E  M  L
R  V  L  H  U  E  I  P  L  M  L  T  E  L
A  O  Q  I  Q  S  T  R  Q  L  I  R  T  E
L  L  Z  T  G  F  F  E  A  A  N  I  E  L
E  U  W  U  U  O  X  X  R  H  G  R  R  O
L  M  U  N  L  V  N  H  F  E  K  W  F  G
E  E  T  G  D  I  V  I  S  I  A  Q  W  R
S  I  M  E  T  R  I  A  I  X  R  Q  Q  A
P  E  R  S  A  M  A  A  N  J  Y  W  Q  M
K  Y  R  E  K  S  P  O  N  E  N  S  W  A
```

SUDUT
HITUNG
LINGKAR
DIAMETER
DIVISI
PERSAMAAN
EKSPONEN
FRAKSI
GEOMETRI

PARALEL
PARALLELOGRAM
PERIMETER
POLIGON
PERSEGI
RADIUS
SIMETRI
JUMLAH
VOLUME

62 - Meditazione

```
P  K  P  E  R  D  A  M  A  I  A  N  C  P
E  A  E  M  O  S  I  E  P  J  F  J  L  E
R  S  R  K  P  K  E  S  U  N  Y  I  A  N
H  I  S  O  I  M  M  R  B  Q  W  U  I  E
A  H  P  B  K  E  B  A  I  K  A  N  T  R
T  S  E  S  I  N  M  T  U  L  A  S  E  I
I  A  K  E  R  T  E  U  V  P  L  I  N  M
A  Y  T  R  A  A  H  L  S  K  A  K  A  A
N  A  I  V  N  L  D  X  J  I  M  A  N  A
Y  N  F  A  J  A  R  A  N  D  K  P  G  N
F  G  J  S  K  E  J  E  L  A  S  A  N  B
A  F  L  I  S  A  G  E  R  A  K  A  N  A
L  S  Y  U  K  U  R  Z  Q  H  K  B  V  O
P  X  K  E  B  A  H  A  G  I  A  A  N  E
```

PENERIMAAN	MENTAL
PERHATIAN	PIKIRAN
TENANG	GERAKAN
KEJELASAN	MUSIK
KASIH SAYANG	ALAM
EMOSI	OBSERVASI
KEBAHAGIAAN	PERDAMAIAN
KEBAIKAN	SIKAP
SYUKUR	PERSPEKTIF
AJARAN	KESUNYIAN

63 - Estate

```
T  L  B  A  N  I  B  B  I  P  R  T  Q  X
S  A  N  D  A  L  I  M  J  A  U  N  K  K
A  U  R  L  C  E  N  D  K  N  M  H  J  B
F  T  F  E  M  C  T  O  B  T  A  D  N  R
M  R  E  K  R  E  A  S  I  A  H  K  N  L
B  L  I  I  Z  M  N  M  B  I  Z  E  W  I
M  U  Y  C  B  Y  G  J  P  E  Q  N  I  B
A  Y  K  S  P  E  R  M  A  I  N  A  N  U
K  E  B  U  N  A  A  Q  R  Z  N  N  M  R
A  M  E  N  Y  E  L  A  M  E  Y  G  U  A
N  R  E  L  A  K  S  A  S  I  L  A  S  N
A  Z  V  T  E  M  A  N  G  G  V  N  I  W
N  K  E  G  E  M  B  I  R  A  A  N  K  Z
K  E  L  U  A  R  G  A  F  P  N  J  E  V
```

TEMAN
CAMPING
RUMAH
MAKANAN
KELUARGA
KEBUN
PERMAINAN
KEGEMBIRAAN
MENYELAM
BUKU

LAUT
MUSIK
KENANGAN
RELAKSASI
SANDAL
PANTAI
BINTANG
REKREASI
LIBURAN

64 - Escursionismo

```
G P E R S I A P A N I N T P
U E R B A C I B I S U L A A
N X T A E O R U U B G I M N
U N I T O R C B D L J A A D
N H K U R I A L A M E R N U
G O L V O E M T H O S L M A
M J I L U N P E T A E B A N
P A M T T T I B P H P I D H
H U T V Y A N I U C A N E S
G K U A C S G N N K T A M Y
T O U E H I R G C W U T L P
M U Y D F A Q N A O B A R J
B A H A Y A R W K J O N O V
G A C V C N I I I G T G L X
```

AIR
BINATANG
CAMPING
IKLIM
PANDUAN
PETA
GUNUNG
ALAM
ORIENTASI
TAMAN

BAHAYA
BERAT
BATU
PERSIAPAN
TEBING
LIAR
MATAHARI
LELAH
SEPATU BOT
PUNCAK

65 - Professioni #1

```
N  J  P  P  E  L  A  T  I  H  M  U  T  P
D  E  P  E  L  D  H  U  N  T  E  R  U  I
U  U  G  L  N  V  I  A  R  T  I  S  K  A
T  W  V  A  A  G  C  T  Q  T  G  Q  A  N
A  G  K  H  P  P  A  T  O  Q  D  P  N  I
B  A  N  K  I  R  O  C  T  R  O  E  G  S
E  S  D  M  G  K  N  T  A  Z  K  N  L  W
S  T  P  G  U  R  N  R  E  R  P  A  E  L
A  R  I  L  M  U  W  A  N  K  A  R  D  K
R  O  P  S  I  K  O  L  O  G  E  I  E  B
B  N  P  E  R  H  I  A  S  A  N  R  N  Y
Y  O  Y  A  H  L  I  G  E  O  L  O  G  I
J  M  U  S  I  S  I  P  E  R  A  W  A  T
K  A  R  T  O  G  R  A  F  E  R  O  Q  E
```

PELATIH	APOTEKER
DUTA BESAR	AHLI GEOLOGI
ARTIS	PERHIASAN
ASTRONOM	TUKANG LEDENG
PENGACARA	PERAWAT
PENARI	MUSISI
BANKIR	PIANIS
HUNTER	PSIKOLOG
KARTOGRAFER	ILMUWAN
EDITOR	

66 - Antartide

```
M I N E R A L S L P Y K T R
E K S P E D I S I H U O A E
L J B V J S P X A D C N P I
I X P E N E L I T I F S T Y
N Q D N E M A L F N F E I C
G L E T S E R W Q Z D R L G
K C N S R N V K A M U V M E
U M I G R A S I M N L A I O
N O E C V N K O Y T R S A G
G W C X S J X I U M O I H R
A I N F P U L A U S C V Y A
N Q A I R N T E L U K B B F
B E N U A G I O J H Y Z V I
K L I Z P A U S V U S E I C
```

AIR
LINGKUNGAN
TELUK
PAUS
KONSERVASI
BENUA
GEOGRAFI
GLETSER
ES
PULAU

MIGRASI
MINERAL
AWAN
SEMENANJUNG
PENELITI
ROCKY
ILMIAH
EKSPEDISI
SUHU

67 - Libri

```
R E L E V A N N L I T S S A
U N U X P U I S I M H W E M
H Y C M E I D U A L I T A S
X Q U K M K K M N T Q D T Q
E P U O B O H I S T O R I S
L Z A H A L A M A N T J N E
X Q O V C E R I T A F X V R
Q X L G A K B K D R H V E I
N O V E L S S N K A A T N P
K I P I K I I A G T J G T X
T E S I D N C Z N O M G I T
K O N T E K S M R R B W F S
D I T U L I S A S T R A U F
G B M F W Z R P E N U L I S
```

PENULIS
KOLEKSI
KONTEKS
DUALITAS
EPIK
INVENTIF
SASTRA
PEMBACA
NARATOR
HALAMAN

PUISI
RELEVAN
NOVEL
DITULIS
SERI
CERITA
HISTORIS
TRAGIS
LUCU

68 - Geografia

```
C M Y S P V U I S G M T J M
S G V D E T X Z U U I E V S
D P N K T L A U T N N M N U
G U W E A M A P A U E G G O
A L N T I E N T R N G Q A P
R A B I P R W M A G A U S I
I U E N A I D M B N R X L G
S O N G L D E L E V A S I V
B I U G T I W I L A Y A H B
U P A I O A V K N Y W K A A
J E B A F N Y D N N W O M R
U K D N X Y N U M I U T S A
R L W H Q F A T L A S A V T
B E L A H A N B U M I P G N
```

KETINGGIAN
ATLAS
KOTA
BENUA
ELEVASI
BELAHAN BUMI
SUNGAI
PULAU
GARIS BUJUR
PETA

LAUT
MERIDIAN
DUNIA
GUNUNG
UTARA
BARAT
NEGARA
SELATAN
WILAYAH

69 - Cibo #1

```
K K Z R S S I L E M O N M G
E A G A R A M I O Z S J T J
M Y U K K R X V X B S K U E
A U L S W X B D R G A C N L
N M A T U K A A G T L K A A
G A H R Z L W G W B A X U I
I N R O A F A I O A D K F Q
K I O B C O N N R Y N Q P N
P S B E T N G G T A L G I E
T N W R X S P F E M W J R D
V Z A I L U U E L Y H A K N
G M C W V F T S O R W C J P
J U S O X N I U U M I N T U
F J M Y J Y H Z C F U I J J
```

BAWANG PUTIH
KEMANGI
KAYU MANIS
DAGING
WORTEL
BAWANG
STROBERI
SALAD
SUSU
LEMON

MINT
JELAI
PIR
LOBAK
GARAM
BAYAM
JUS
TUNA
KUE
GULA

70 - Aeroplani

```
T  N  Y  S  K  E  T  I  N  G  G  I  A  N
P  R  V  G  U  N  A  V  I  G  A  S  I  A
I  P  E  N  D  A  R  A  T  A  N  L  V  Q
M  A  Y  D  O  Q  S  U  D  A  R  A  W  K
A  B  A  H  A  N  B  A  K  A  R  W  O  E
Q  R  L  Q  V  P  S  V  N  H  G  M  V  T
B  I  A  L  D  E  E  O  F  A  N  X  M  U
B  P  D  H  G  N  J  D  E  X  Y  E  W  R
O  A  P  E  T  U  A  L  A  N  G  A  N  U
P  I  L  O  T  M  R  A  M  E  R  F  L  N
A  I  F  O  D  P  A  N  V  M  J  X  F  A
X  I  A  M  N  A  H  G  E  C  I  R  Z  N
M  E  S  I  N  N  H  I  B  K  A  W  A  K
N  K  S  X  P  G  O  T  I  N  G  G  I  O
```

TINGGI   KETURUNAN
KETINGGIAN   AWAK
UDARA   MESIN
SUASANA   NAVIGASI
PENDARATAN   BALON
PETUALANGAN   PENUMPANG
BAHAN BAKAR   PILOT
LANGIT   SEJARAH
ARAH

71 - Pirati

```
B M S P J B L E G E N D A A
U E A H P U L A U C I P Z K
R P N P Y R Y Y P E D A N G
U E P D R U S K D A W A K M
N T E B E K O I N K N Y B I
G A T U A R F Q J O X T J X
B X U E M H A R U M L G A C
E M A S F J A K A P T E N I
O J L K O V F Y R A R S G R
T G A V C B E K A S L U K A
F H N W G O R L S W P T A I
M I G P U P Z L E B I Q R L
A I A H A R T A K A R U N I
I T N H N C Y I Z O C Z N W
```

JANGKAR

PETUALANGAN

BENDERA

KOMPAS

KAPTEN

BURUK

BEKAS LUKA

AWAK

GUA

PULAU

LEGENDA

PETA

KOIN

EMAS

BURUNG BEO

BAHAYA

RUM

PEDANG

PANTAI

HARTA KARUN

72 - Colori

```
Y S K X R O M P K H K J M C
Q J E R U K R E M R I U E Y
L W T P H C O K E L A T R A
M B S B I R U U R B B E A N
A A D A J A P N A M U M H M
V Z G E A Q F I H W A G M L
Q U T E U U E N I X B A U T
G R V D N M G G J Z U G D N
D E A J G T Q F E X A H A I
S R I W U I A P P H B Z H L
B P H G C B F U C H S I A A
P H L I A W O T N A K F N R
X J I U Y W J I D S M Y C O
U D S T S U C H N N Z P D H
```

JERUK   NILA
AZURE   MAGENTA
KREM   COKELAT
PUTIH   HITAM
BIRU   MERAH MUDA
CYAN   MERAH
FUCHSIA   SEPIA
KUNING   HIJAU
ABU-ABU   UNGU

73 - Suoni

```
S P A D U A N S U A R A F L
R K W W W B B L B A T U K T
E R A N G A N E E M F U O W
S L T O H K L J R A U R N G
O U V X I P E L U I T L S K
N G X E F B K X L T S Q E E
A I A G E M A Z A B G I R R
N R W D V R S Z N I E L K A
B E R T E P U K G S T O W S
S G K X A J G S T I A N V H
P U F Q G W A L M K R C C D
N H A I L F A W L O A E B L
H C I R X V C C P X N N Q P
P Q Y E A S I R E N E G H G
```

BERTEPUK
LONCENG
KONSER
PADUAN SUARA
GEMA
PELUIT
KERAS
ERANGAN
BERULANG

TAWA
RESONAN
BERISIK
SIRENE
BISIK
BATUK
GETARAN
SUARA

74 - Spiaggia

```
H P Z J D H N L Y K P J Q F
M A T A H A R I P E P T W S
X Y N U P U A L E P U L A U
J U Z D W B M T R I L A U T
N N P O U T I E A T I P C Z
P G W K H K K R H I B E F S
A A X I Q Z H U U N U R E U
N S S Y I Q E M L G R A V I
T R W I K J I B A L A H C O
A Q N A R P F U Y T N U F K
I S A N D A L K A M G L S Y
L J X B K P Q Z R P W V X O
D Y I W K X C S B Z M F J R
Z K L A G U N A L K J Q H S
```

HANDUK	LAGUNA
PERAHU	LAUT
PERAHU LAYAR	PAYUNG
BIRU	PASIR
PANTAI	SANDAL
DOK	TERUMBU
KEPITING	MATAHARI
PULAU	LIBURAN

75 - Avventura

```
A  S  X  H  G  W  K  E  V  J  D  K  G  A
L  K  E  A  M  A  N  A  N  A  G  E  K  N
I  E  T  T  U  J  U  A  N  D  Q  G  I  T
W  S  S  I  M  X  H  B  K  W  T  E  T  U
A  U  N  D  V  V  T  E  N  A  E  M  K  S
L  L  A  A  O  I  T  R  P  L  M  B  E  I
A  I  V  K  V  K  T  B  E  F  A  I  B  A
M  T  I  B  U  N  B  A  R  U  N  R  E  S
P  A  G  I  G  W  R  H  S  F  F  A  R  M
E  N  A  A  R  U  G  A  I  Z  P  A  A  E
S  D  S  S  J  W  I  Y  A  P  C  N  N  Y
I  W  I  A  G  P  O  A  P  S  I  W  I  E
A  P  J  M  P  E  L  U  A  N  G  N  A  A
R  Z  L  T  A  N  T  A  N  G  A  N  N  T
```

TEMAN	JADWAL
AKTIVITAS	ALAM
KEBERANIAN	NAVIGASI
TUJUAN	BARU
KESULITAN	PELUANG
ANTUSIASME	BERBAHAYA
PESIAR	PERSIAPAN
KEGEMBIRAAN	TANTANGAN
TIDAK BIASA	KEAMANAN

76 - Forme

```
D M D L K K E G P P C H Y A
W Y N S M T O B Q P S I S I
W J V L S D X U P R I S M A
P E R S E G I L Y I L U H R
I T C L G E D A Q Z I D I C
R J O S I S L T S D N U P A
A H V K T L K I H J D T E P
M L A F I G E J P C E V R P
I B L Q G Q R Q V S R W B O
D K O G A U U G A R I S O L
A U G L R S C I G I I Q L I
A B Y X A K U R V A T W A G
W U W L Y Y T E P I J I J O
P S T F B L I N G K A R A N
```

SUDUT	SISI
ARC	GARIS
TEPI	OVAL
LINGKARAN	PIRAMIDA
SILINDER	POLIGON
KERUCUT	PRISMA
KUBUS	PERSEGI
KURVA	BULAT
ELIPS	BOLA
HIPERBOLA	SEGITIGA

77 - Oceano

```
K  M  Y  W  O  Q  H  P  U  B  A  D  A  I
T  E  R  U  M  B  U  U  B  P  Q  G  K  K
K  R  X  P  B  X  M  Q  U  E  T  U  E  A
T  G  Y  G  A  R  A  M  R  N  U  R  P  N
H  I  U  V  K  U  V  L  U  Y  N  I  I  S
J  M  R  K  F  R  S  U  B  U  A  T  T  J
P  E  R  A  H  U  P  M  U  U  N  A  I  E
C  L  Y  R  M  I  O  B  R  Q  D  M  N  N
P  A  K  A  G  D  N  A  Q  D  N  A  G  F
L  B  B  N  D  Z  S  L  Q  U  L  W  N  W
Q  F  Z  G  U  P  N  U  U  S  T  Q  I  G
Q  B  F  U  X  W  P  M  E  M  A  L  G  A
S  N  I  B  A  Q  Q  B  E  L  U  T  R  H
M  K  I  S  A  P  H  A  J  E  F  A  M  F
```

ALGA
BELUT
PAUS
PERAHU
KARANG
LUMBA-LUMBA
UDANG
KEPITING
UBUR-UBUR
OMBAK

TIRAM
IKAN
GURITA
GARAM
TERUMBU
SPONS
HIU
PENYU
BADAI
TUNA

78 - Veicoli

```
S P W D V U A E P A C B G S
R K E I X S J M E S I N O E
X A U F E R I O R O K E T P
E V K T S C F B A N D T T E
J U M I E H U I H W B I S D
S B X S T R U L U I A T G A
H E L I K O P T E R N A E K
Y D L O E X R R T R R K Q A
P E S A W A T U G L D S R F
T R A K T O R K A Y E I S I
F U B K A P A L S E L A M L
A T J J A M B U L A N S Y A
K E R E T A O L L S D V O H
T T P V U J R M N G H H U V
```

PESAWAT
AMBULANS
MOBIL
BIS
PERAHU
SEPEDA
TRUK
KAFILAH
HELIKOPTER
MESIN

SHUTTLE
BAN
ROKET
SKUTER
KAPAL SELAM
TAKSI
FERI
TRAKTOR
KERETA
RAKIT

79 - Emozioni

```
K K E B A H A G I A A N M L
E E E N P R Y B A S T W A E
G K L T A K U T J A E K L G
E N K E E L B W X N N E U A
M L S I M P A T I T A S B P
B K K J E B O K J A N E B E
I B E E B J U E H I G D W R
R D A B B H B T Q L O I D D
A F M W O A X J A O G H I A
A J A B Y S I C I N T A S M
N Y R A I K A K M G G N I A
P U A S V L M N A Z W M A I
R R H K E T E N A N G A N A
B E R S Y U K U R N E H J N
```

CINTA
KEBAHAGIAAN
TENANG
ISI
KEBAIKAN
KEGEMBIRAAN
BERSYUKUR
MALU
KEBOSANAN
PERDAMAIAN

TAKUT
AMARAH
SANTAI
LEGA
SIMPATI
PUAS
KELEMBUTAN
KETENANGAN
KESEDIHAN

80 - Natura

```
K D J B N S Z L C G G Z S S
D A N D I N A M I S L D S S
E U B D T N B N O L E B A H
D W S U A K A X D I T W W U
A E N G T B N T C A S V A T
U E G U N U N G A R E I N A
N A R K T I K Z U N R T G N
A T R O P I S E O G G A O J
N E C I S U N G A I A L K X
Y N G W L I R U A C O X N X
J A R P P M Y D E Q E Z R Z
E N K E C A N T I K A N S T
B G U R U N M S F D X K J J
P E N A M P U N G A N F W Q
```

BINATANG   GLETSER
LEBAH   GUNUNG
ARKTIK   KABUT
KECANTIKAN   AWAN
GURUN   PENAMPUNGAN
DINAMIS   SUAKA
EROSI   LIAR
SUNGAI   TENANG
DEDAUNAN   TROPIS
HUTAN   VITAL

81 - Balletto

```
B L N I T N P O I Z W M V K
A U S T D I I R S O E U I O
L L A T I H A N A R G S R M
E K E A H L I A N K N I A P
R A R T I S T I K E T K M O
I N T I J O P H D S F E A S
N S I K A P T Y M T X K K E
A Q G A Y A D O J R J S H R
W I N T E N S I T A S P A A
T E P U K T A N G A N R D N
P E N A R I P S D T S E I G
K O R E O G R A F I U S R G
T E K N I K D K V Z O I I U
K R X N C B V Q B S H F N N
```

KEAHLIAN
TEPUK TANGAN
ARTISTIK
BALERINA
PENARI
KOMPOSER
KOREOGRAFI
EKSPRESIF
SIKAP
ANGGUN

INTENSITAS
OTOT
MUSIK
ORKESTRA
PRAKTEK
LATIHAN
HADIRIN
IRAMA
GAYA
TEKNIK

82 - Castelli

```
M P V L K M O K M U L I A D
U A M P S A K S A T R I A T
N N H H P W T U S X S E U N
I G J K E P Z A P E D A N G
C E V U O U A B P C F K K X
O R X D O T P E E L M O U
R A P A T R A N Z M L I I Y
N N A Z Z I M T I S T A N A
P E R I S A I E R V E K A N
S S C O W D I N A S T I G T
O D I N D I N G H Y I S A M
F E O D A L C M E N A R A I
K E K A I S A R A N W X E W
Q C H I K E R A J A A N R K
```

ZIRAH	MULIA
KATAPEL	ISTANA
KSATRIA	DINDING
KUDA	PANGERAN
MAHKOTA	PUTRI
DINASTI	KERAJAAN
NAGA	PERISAI
FEODAL	PEDANG
BENTENG	MENARA
KEKAISARAN	UNICORN

83 - Foresta Pluviale

```
X  T  G  K  L  T  F  B  T  W  U  V  A  T
M  A  K  O  S  Y  J  E  N  I  S  A  R  G
E  M  W  L  Y  S  E  R  H  M  B  L  M  I
N  A  U  N  G  A  N  H  R  U  O  A  A  K
G  M  R  P  I  R  W  A  Y  W  T  M  V  L
H  A  S  E  A  C  L  R  L  Z  A  A  H  I
O  L  E  R  S  V  R  G  U  A  N  R  N  M
R  I  R  B  B  T  S  A  M  F  I  B  I  O
M  A  A  E  U  K  O  M  U  N  I  T  A  S
A  F  N  D  R  C  V  R  T  K  D  B  G  O
T  C  G  A  U  M  C  V  A  H  N  Y  S  T
I  O  G  A  N  T  C  V  S  S  V  Y  K  J
A  W  A  N  G  B  K  Y  L  C  I  E  L  N
P  E  L  E  S  T  A  R  I  A  N  A  F  U
```

AMFIBI
BOTANI
IKLIM
KOMUNITAS
PERBEDAAN
HUTAN
ASLI
SERANGGA
MAMALIA
LUMUT

ALAM
AWAN
PELESTARIAN
BERHARGA
RESTORASI
NAUNGAN
MENGHORMATI
JENIS
BURUNG

84 - Edifici

```
O V S U P E R M A R K E T B
R B G K E D U T A A N Y V I
M U S E U M M I Q Z T S O O
M K I E A P A R T E M E N S
H E Q M R G H O T E L T T K
O B N K H V S G U D A N G O
S A L A O K A S T I L K I P
T P A B R I K T E N D A U F
E V J I B A I E O K C J X S
L M F N E E T A H R O D K Q
S T A D I O N T F I L I U
M N O Z N M S E L Y J U A O
P F U G O C B R Q S T W M H
L L A B O R A T O R I U M B
```

KEDUTAAN	RUMAH SAKIT
APARTEMEN	OBSERVATORIUM
KABIN	HOSTEL
KASTIL	SEKOLAH
BIOSKOP	STADION
PABRIK	SUPERMARKET
GUDANG	TEATER
HOTEL	TENDA
LABORATORIUM	MENARA
MUSEUM	

85 - Paesi #2

```
S  P  Z  E  L  I  B  E  R  I  A  L  P  D
P  U  P  W  S  O  T  N  T  X  T  Y  F  T
N  A  R  V  M  U  D  E  N  M  A  R  K  R
P  A  K  I  C  P  D  P  T  L  E  F  H  U
J  L  A  I  A  G  J  A  M  A  I  K  A  S
E  B  A  J  S  H  F  L  N  O  R  A  I  I
P  A  C  X  R  T  B  E  Z  S  L  U  T  A
A  N  S  S  I  T  A  E  J  U  A  G  I  N
N  I  R  R  U  J  H  N  J  K  N  A  M  Y
G  A  Y  U  N  A  N  I  N  R  D  N  I  X
I  N  D  O  N  E  S  I  A  A  I  D  X  F
M  E  K  S  I  K  O  X  X  I  A  A  M  R
N  I  G  E  R  I  A  M  N  N  K  K  Y  A
U  M  E  T  H  I  O  P  I  A  C  P  V  X
```

ALBANIA	LIBERIA
DENMARK	MEKSIKO
ETHIOPIA	NEPAL
JAMAIKA	NIGERIA
JEPANG	PAKISTAN
YUNANI	RUSIA
HAITI	SURIAH
INDONESIA	SUDAN
IRLANDIA	UKRAINA
LAOS	UGANDA

86 - Tipi di Capelli

```
S  R  M  K  O  X  O  F  J  H  M  K  B  A
T  R  S  K  R  U  Z  L  H  H  I  Q  Z  H
Q  Q  Q  X  C  O  K  E  L  A  T  T  B  I
K  E  R  I  N  G  J  L  Y  N  Z  L  A  E
P  E  N  D  E  K  E  R  I  T  I  N  G  M
U  S  A  T  L  H  A  L  U  S  U  N  G  W
T  Z  E  B  D  P  A  N  J  A  N  G  L  B
I  Q  R  H  U  V  N  N  V  L  B  P  D  O
H  P  M  T  A  A  A  Y  O  J  F  E  W  T
T  K  P  M  T  T  B  E  R  W  A  R  N  A
E  L  E  M  B  U  T  U  E  I  K  A  L  K
B  N  A  D  I  K  E  P  A  N  G  K  J  I
A  K  C  S  K  X  Z  T  I  P  I  S  M  A
L  P  I  R  A  N  G  K  E  P  A  N  G  E
```

PERAK	PANJANG
KERING	COKELAT
PUTIH	LEMBUT
PIRANG	HITAM
PENDEK	KERITING
BOTAK	IKAL
BERWARNA	SEHAT
ABU-ABU	TIPIS
DIKEPANG	TEBAL
HALUS	KEPANG

87 - Vestiti

```
I  Y  V  I  O  Q  H  C  L  A  X  L  P  C
S  K  C  V  R  S  W  E  T  E  R  B  I  V
J  E  A  N  S  W  S  L  O  V  O  A  Y  A
S  S  P  T  L  A  A  E  P  I  K  J  A  N
D  B  K  A  P  V  R  M  I  O  A  U  M  S
X  Z  C  I  T  I  U  E  B  B  L  R  A  Y
S  L  D  D  R  U  N  K  K  L  U  Z  X  A
G  E  L  A  N  G  G  G  A  U  N  R  Y  L
C  E  L  A  N  A  T  M  G  S  G  T  I  T
J  A  S  M  R  H  A  A  H  A  M  O  D  E
F  I  R  Z  K  O  N  N  D  N  N  G  B  R
M  X  W  A  I  H  G  T  X  D  X  G  S  P
I  F  I  D  A  H  A  E  B  A  Z  G  Q  W
C  P  I  J  X  K  N  L  L  L  V  W  X  E
```

GAUN
GELANG
BLUS
BAJU
TOPI
MANTEL
IKAT PINGGANG
KALUNG
JAS
ROK

CELEMEK
SARUNG TANGAN
JEANS
SWETER
MODE
CELANA
PIYAMA
SANDAL
SEPATU
SYAL

88 - Attività e Tempo Libero

```
S  B  E  L  A  N  J  A  Q  T  K  Q  M  D
E  E  B  O  L  A  V  O  L  I  P  K  E  B
N  R  P  B  E  P  E  R  G  I  A  N  M  Q
I  S  T  A  K  W  M  J  Z  W  N  U  A  A
S  E  I  L  K  K  X  C  A  M  P  I  N  G
A  L  N  U  N  B  H  Z  A  B  O  D  C  W
N  A  J  K  H  I  O  W  U  A  W  O  I  V
T  N  U  I  Q  S  B  L  M  S  D  G  N  N
A  C  F  S  J  B  I  A  A  K  I  T  G  J
I  A  Y  A  O  O  G  B  R  E  N  A  N  G
U  R  Z  N  Q  L  T  O  O  T  E  N  I  S
B  E  R  K  E  B  U  N  L  B  Q  R  D  V
T  M  H  I  K  I  N  G  K  F  X  L  I  Q
M  E  N  Y  E  L  A  M  A  M  O  P  C  W
```

SENI	MENYELAM
BISBOL	RENANG
BASKET	BOLA VOLI
TINJU	MEMANCING
SEPAK BOLA	LUKISAN
CAMPING	SANTAI
HIKING	BELANJA
BERKEBUN	BERSELANCAR
GOLF	TENIS
HOBI	BEPERGIAN

89 - Tecnologia

```
F  K  O  M  P  U  T  E  R  Q  S  Z  V  R
K  A  A  D  E  D  I  G  I  T  A  L  P  P
U  U  I  T  R  Q  E  K  P  C  Y  D  K  P
C  L  E  L  A  Y  A  R  A  U  D  Z  T  P
B  Y  T  E  M  W  O  X  N  M  P  N  V  K
Z  L  T  X  B  A  T  K  Q  J  E  T  A  E
P  M  O  Y  A  X  F  H  B  F  S  R  T  A
U  F  J  G  N  N  U  U  C  D  A  T  A  M
S  T  A  T  I  S  T  I  K  K  N  F  M  A
I  N  T  E  R  N  E  T  Q  U  B  O  A  N
G  B  H  C  F  Z  L  S  C  R  Z  N  Y  A
O  A  R  I  S  E  T  G  F  S  B  T  A  N
E  M  U  X  I  U  M  S  M  O  C  Z  R  C
O  G  E  Y  I  N  I  V  I  R  U  S  B  N
```

BLOG	INTERNET
PERAMBAN	PESAN
BYTE	RISET
KOMPUTER	LAYAR
KURSOR	KEAMANAN
DATA	STATISTIK
DIGITAL	KAMERA
FAIL	MAYA
FONT	VIRUS

90 - Arte

```
Y  Q  G  Z  L  U  K  I  S  A  N  E  M  T
L  S  I  M  B  O  L  G  J  S  E  K  E  E
A  T  Y  Y  V  R  V  H  L  N  S  N  R
P  A  T  U  N  G  T  F  Y  I  V  P  G  I
U  S  G  U  V  I  S  U  A  L  C  R  G  N
I  O  S  U  R  E  A  L  I  S  M  E  A  S
S  S  U  B  J  E  K  T  Z  J  F  S  M  P
I  P  O  K  O  M  X  Z  D  U  Q  I  B  I
Y  L  P  U  A  L  N  S  Y  J  O  K  A  R
S  E  D  E  R  H  A  N  A  U  V  O  R  A
K  O  M  P  L  E  K  S  X  R  P  D  K  S
H  F  X  V  E  K  E  R  A  M  I  K  A  I
P  R  I  B  A  D  I  L  E  L  P  Z  N  K
K  O  M  P  O  S  I  S  I  O  K  W  R  N
```

KERAMIK	PUISI
KOMPLEKS	MENGGAMBARKAN
KOMPOSISI	PATUNG
LUKISAN	SEDERHANA
EKSPRESI	SIMBOL
TERINSPIRASI	SUBJEK
JUJUR	SUREALISME
ASLI	VISUAL
PRIBADI	

91 - Meteo

```
I  M  L  D  H  X  T  R  O  P  I  S  W  K
I  K  K  A  B  U  T  O  K  U  T  U  B  E
H  M  L  E  M  B  A  B  R  O  A  H  K  K
M  U  S  I  M  E  C  A  J  N  W  U  N  E
F  S  W  U  M  K  N  D  U  H  A  V  J  R
T  S  U  A  S  A  N  A  D  M  A  D  I  I
P  E  L  A  N  G  I  I  D  F  W  W  O  N
E  S  N  K  E  R  I  N  G  L  A  O  F  G
T  Y  B  A  D  N  O  C  U  A  N  I  C  A
I  I  L  N  N  D  J  D  N  N  S  Z  G  N
R  E  F  G  E  G  B  S  T  G  M  C  A  Y
G  C  P  I  V  D  P  I  U  I  F  J  F  N
J  N  R  N  H  R  Y  C  R  T  Q  O  H  H
H  J  O  E  X  R  S  J  J  M  Y  J  P  A
```

PELANGI	AWAN
KERING	KUTUB
SUASANA	KEKERINGAN
TENANG	SUHU
LANGIT	BADAI
IKLIM	TORNADO
PETIR	TROPIS
ES	GUNTUR
MUSIM	LEMBAB
KABUT	ANGIN

92 - Corpo Umano

```
H  F  P  T  O  R  C  T  S  V  K  B  H  Y
T  W  Q  P  A  T  E  L  I  N  G  A  I  S
R  C  Z  E  S  N  A  H  K  A  Y  H  D  I
M  J  Z  R  M  P  G  K  U  F  Q  U  U  O
D  A  G  U  L  S  W  A  J  A  H  Q  N  R
V  R  T  T  W  M  A  I  N  M  X  K  G  Q
L  I  S  A  P  U  L  E  H  E  R  A  Q  B
K  U  L  I  T  L  U  T  Q  L  E  K  U  N
D  A  R  A  H  U  T  C  J  P  R  I  I  R
A  Y  E  X  O  T  U  H  A  T  I  M  N  J
H  D  W  H  O  A  T  V  N  X  Y  C  Q  Y
I  J  V  C  S  G  K  R  V  M  Q  G  I  L
Z  J  M  Y  X  S  N  Y  Y  T  H  R  S  L
M  S  G  E  C  G  K  E  P  A  L  A  H  U
```

MULUT	TANGAN
OTAK	DAGU
LEHER	HIDUNG
HATI	MATA
JARI	TELINGA
WAJAH	KULIT
DAHI	DARAH
KAKI	BAHU
LUTUT	PERUT
SIKU	KEPALA

93 - Mammiferi

```
B  L  U  M  B  A  L  U  M  B  A  Y  Z  E
C  A  C  S  P  W  Z  E  B  R  A  E  T  Q
O  S  N  V  I  A  Z  X  K  U  C  I  N  G
Y  E  M  T  J  N  U  V  N  S  I  K  R  A
O  R  O  G  E  V  G  S  X  A  Y  A  Y  J
T  I  N  L  R  N  A  A  P  Q  R  F  I  A
E  G  Y  K  A  N  G  U  R  U  T  D  U  H
W  A  E  D  P  D  O  M  B  A  F  U  Q  W
V  L  T  M  A  A  R  K  E  L  I  N  C  I
B  A  W  H  H  N  I  U  R  J  K  C  G  N
R  U  B  A  H  J  L  G  U  G  U  A  V  G
G  P  A  T  G  I  A  W  A  Q  D  X  N  Z
T  Q  N  M  J  N  G  R  N  J  A  R  X  L
M  T  S  K  R  G  K  B  G  T  P  F  T  L
```

PAUS	JERAPAH
ANJING	GORILA
KANGURU	SINGA
KUDA	SERIGALA
RUSA	BERUANG
KELINCI	DOMBA
COYOTE	MONYET
LUMBA-LUMBA	BANTENG
GAJAH	RUBAH
KUCING	ZEBRA

94 - Arrampicata

```
O R O T A N T A N G A N N S
I G M E O Y W Z Y P L M I A
O S U A S A N A H L I Z B R
B T E A K P E T A H E L M U
I A U A C E D E R A P J G N
F B R Y S L T G E V D D K G
G I E D O A H I W X O Y E T
K L S J N T H P N Y C S K A
P I A I C I U D O G K H U N
D T Q M K H I K I N G Q A G
H A S E P A T U B O T I T A
R S N D L N S E M P I T A N
R Z P A N D U A N W L W N N
K E I N G I N T A H U A N K
```

KETINGGIAN
SUASANA
HELM
KEINGINTAHUAN
HIKING
AHLI
FISIK
PELATIHAN
KEKUATAN
GUA

SARUNG TANGAN
PANDUAN
CEDERA
PETA
TANTANGAN
STABILITAS
SEPATU BOT
SEMPIT
MEDAN

95 - Animali Domestici

```
B  M  X  D  H  A  M  S  T  E  R  Q  V  R
U  M  F  W  O  V  M  M  A  K  A  N  A  N
R  V  H  K  H  N  J  P  H  P  U  P  P  Y
U  T  N  I  O  D  T  A  L  I  I  K  A  N
N  J  G  B  E  O  P  L  K  R  H  J  K  V
G  N  I  M  E  K  E  L  I  N  C  I  E  F
B  Y  R  S  Q  T  N  A  K  V  L  N  R  Z
E  C  V  C  G  E  Y  S  N  Q  D  I  A  W
O  D  T  A  E  R  U  O  W  J  Y  K  H  D
C  J  O  K  A  H  C  K  U  C  I  N  G  Q
N  Q  Z  A  T  E  T  I  K  U  S  N  J  V
D  E  K  R  U  W  K  A  M  B  I  N  G  Y
K  A  D  A  L  A  K  Z  V  R  H  M  F  L
E  K  O  R  A  N  R  M  V  X  A  I  R  Q
```

AIR	TALI
ANJING	KADAL
KAMBING	SAPI
MAKANAN	BURUNG BEO
EKOR	IKAN
KERAH	PENYU
KELINCI	TETIKUS
HAMSTER	DOKTER HEWAN
PUPPY	CAKAR
KUCING	

96 - Cucina

```
M Z Y P H H G X B Z K I K S
L A S I O Z S U M P I T U E
B I K S V U P L C W R X L R
H C V A E U O K E T E L K B
C W I U N R N E L J M I A E
M A F T D A S N E G P N S T
R A N Z F X N D M R A N E W
Z W N G A E E I E I H X N F
B Y L G K H V X K L R G D R
O S T K K I U S F L E R O E
Q E J G T U R X M P M O K E
X D A I S Z K G A R P U T Z
T H R Y F U P P Z W A Q F E
L I V N R E S E P F H T O R
```

SUMPIT	KULKAS
KETEL	CELEMEK
KENDI	GRILL
MAKANAN	RESEP
MANGKUK	REMPAH-REMPAH
PISAU	SPONS
FREEZER	CANGKIR
SENDOK	SERBET
GARPU	JAR
OVEN	

97 - Vacanze #2

```
L R M Z P T C J N R U I V T
F G C R U E G R V Z C U K U
P E T A L N M U B B P L E S
L A U T A D R E S T O R A N
O R S W U A R E K R E A S I
R T S P E R J A L A N A N C
A P H Z O L B T A K S I K A
N F O T O R I A V I S A E M
G T T N N K D B N M M W R P
A U E X K Y E O U D X C E I
S J L P A N T A I R A Z T N
I U H T K G L R L Q A R A G
N A Y V Q F Q U Y P A N A I
G N T R A N S P O R T A S I
```

BANDARA
CAMPING
TUJUAN
FOTO
HOTEL
PULAU
PETA
LAUT
PASPOR
RESTORAN

PANTAI
ORANG ASING
TAKSI
REKREASI
TENDA
TRANSPORTASI
KERETA
LIBURAN
PERJALANAN
VISA

98 - Attività

```
M L S M H J B R A O Z S M I
H J Z E B H R E I G O E I G
N V Y M E Y E L R S I N N N
O M V B R F K A M K I I A R
K Y J A B O R K E D E H T P
E E O C U T E S M K X B I V
R N S A R O A A A J Z B U R
A Y R E U G S S N E M W U N
M N Y K N R I I C J A H I T
I Q S K E A H L I A N V Y M
K W N I P F N E N P P J W C
M M H I K I N G G Z O L Q A
P U Z Z L E C C A M P I N G
K E R A J I N A N N U Z N P
```

KEAHLIAN	BERKEBUN
SENI	MINAT
KERAJINAN	MEMBACA
BERBURU	SIHIR
CAMPING	MEMANCING
KERAMIK	KESENANGAN
JAHIT	PUZZLE
HIKING	RELAKSASI
FOTOGRAFI	REKREASI

99 - Forniture Artistiche

```
S  I  K  A  T  P  A  P  K  K  R  L  V  T
I  D  E  V  W  E  K  L  T  E  Q  E  E  I
P  U  R  S  C  N  R  I  A  E  R  M  X  N
P  K  J  N  U  G  I  S  N  A  C  T  W  T
K  U  K  U  G  H  L  Z  A  S  U  E  A  A
M  U  U  Z  W  A  I  L  H  E  F  M  R  S
I  S  R  K  P  P  K  X  L  L  O  L  N  Z
N  U  Y  S  R  U  S  E  I  N  C  Q  A  U
Y  E  P  J  I  S  M  P  A  R  A  N  G  W
A  O  A  I  R  T  Y  E  T  W  I  B  R
K  D  S  N  A  O  Y  N  J  U  A  B  J  D
O  C  T  F  B  H  Q  S  E  A  I  L  Z  B
G  X  E  E  H  Y  I  I  C  X  R  W  U  E
M  Q  L  Z  R  W  P  L  K  A  M  E  R  A
```

AIR	IDE
CAT AIR	TINTA
AKRILIK	PENSIL
TANAH LIAT	MINYAK
ARANG	PASTEL
KERTAS	KURSI
EASEL	SIKAT
LEM	MEJA
WARNA	KAMERA
PENGHAPUS	

100 - Misurazioni

```
W  J  T  O  N  J  G  N  H  N  T  W  C  K
B  F  I  N  C  I  I  D  G  R  A  M  D  N
L  F  N  G  K  I  L  O  M  E  T  E  R  V
I  R  G  S  E  N  T  I  M  E  T  E  R  O
T  V  G  M  D  Q  O  D  E  E  S  T  N  N
E  O  I  K  A  Q  G  P  N  Z  T  D  D  S
R  L  P  I  L  W  J  P  I  N  T  E  E  C
B  U  T  L  A  E  B  Y  T  E  K  S  R  Y
L  M  X  O  M  F  E  R  G  O  Q  I  A  O
Z  E  W  G  A  V  R  D  A  U  J  M  J  H
B  O  B  R  N  J  A  I  B  A  I  A  A  R
W  C  C  A  Y  H  T  H  P  M  M  L  T  P
P  R  B  M  R  R  N  I  M  P  B  K  S  E
P  A  N  J  A  N  G  Z  F  G  D  L  Z  B
```

TINGGI	PANJANG
BYTE	METER
SENTIMETER	MENIT
KILOGRAM	ONS
KILOMETER	BERAT
DESIMAL	PINT
DERAJAT	INCI
GRAM	KEDALAMAN
LEBAR	TON
LITER	VOLUME

1 - Scacchi

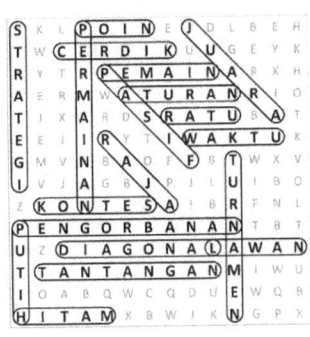

2 - Strumenti

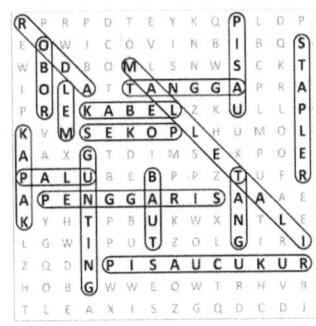

3 - Aggettivi #2

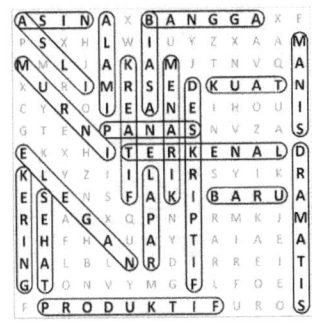

4 - Pesca

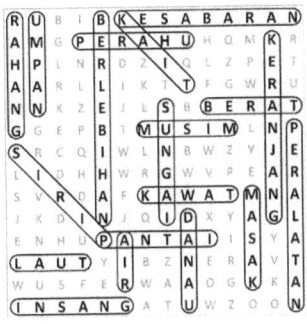

5 - Aggettivi #1

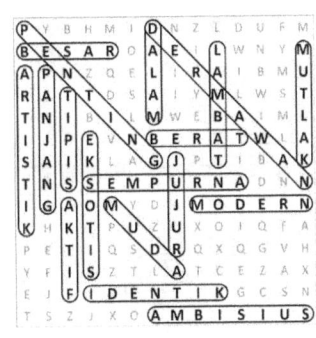

6 - Geologia

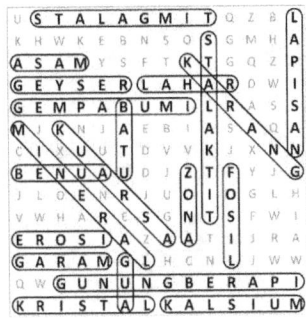

7 - Campeggio

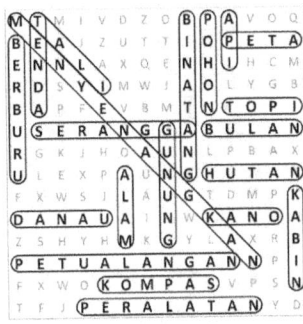

8 - Arti Visive

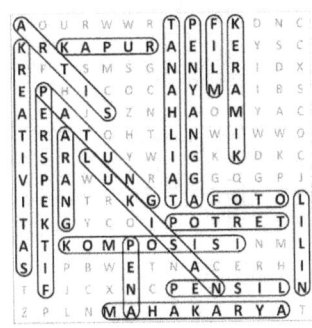

9 - Esplorazione

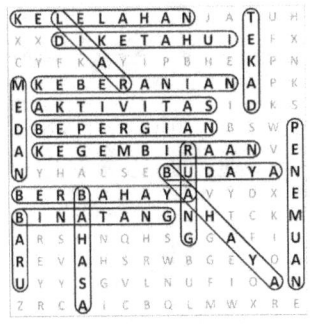

10 - Tempo

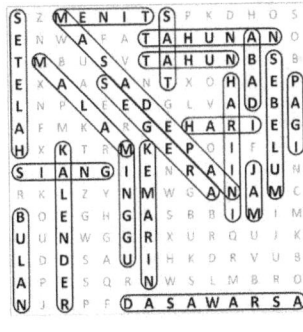

11 - Autunno

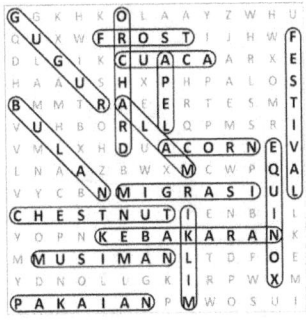

12 - Astronomia

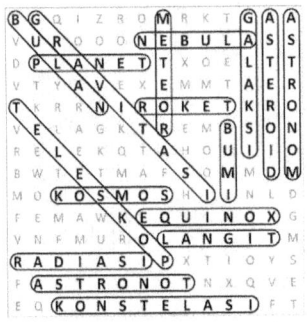

13 - Circo

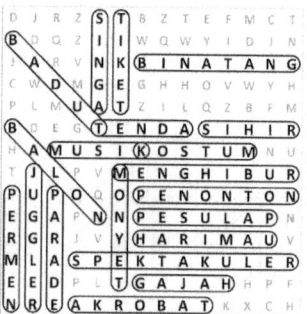

14 - Mitologia

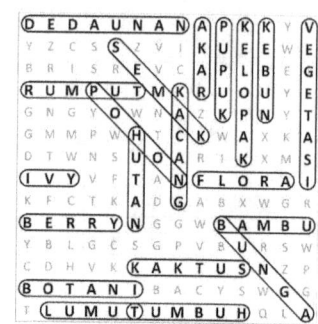

15 - Piante

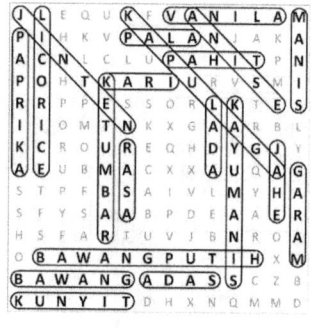

16 - Spezie

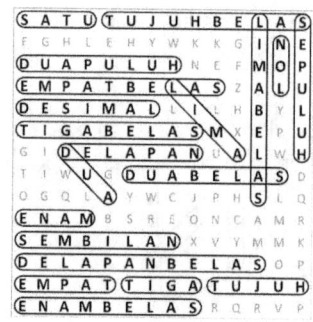

17 - Numeri

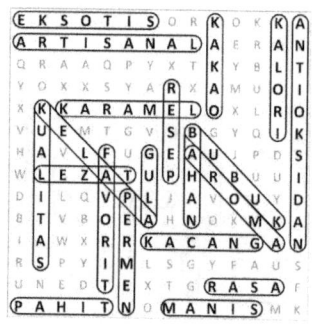

18 - Cioccolato

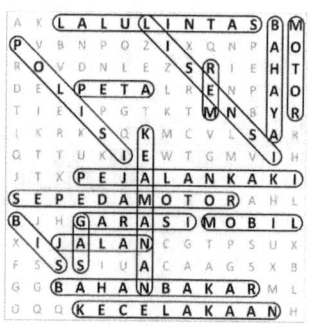

19 - Guida

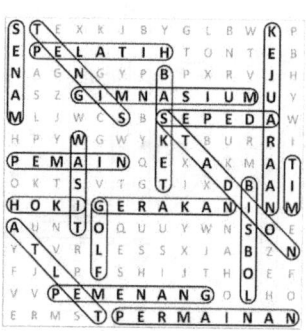

20 - Sport

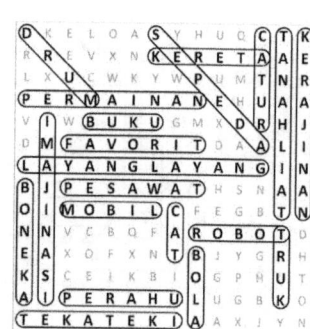

21 - Giocattoli

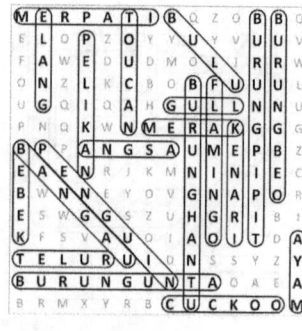

22 - Uccelli

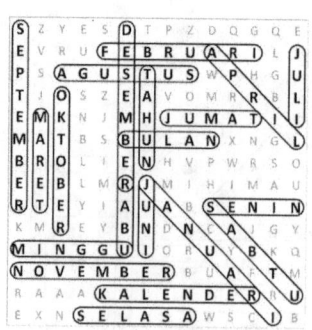

23 - Giorni e Mesi

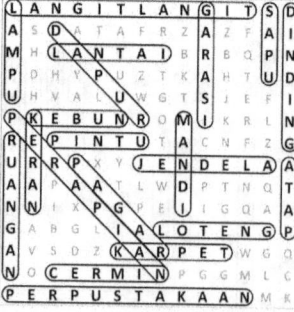

24 - Casa

25 - Ristorante #1

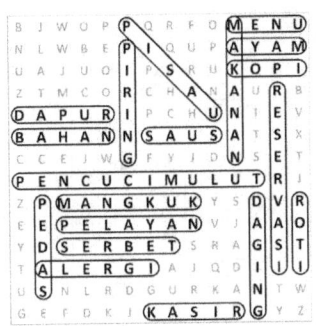

26 - Fantascienza

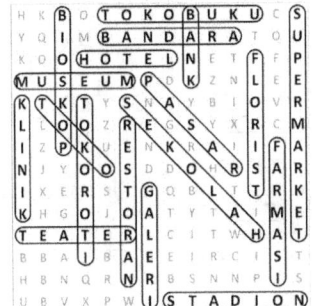

27 - Città

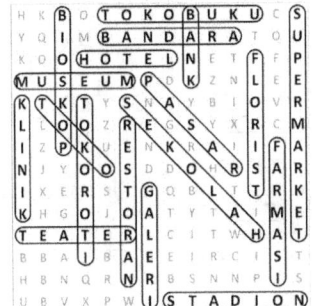

28 - Virtù #1

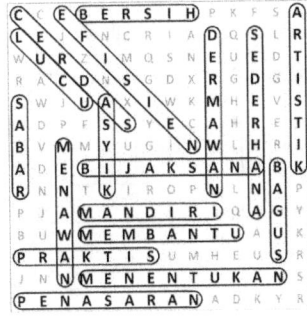

29 - Compleanno

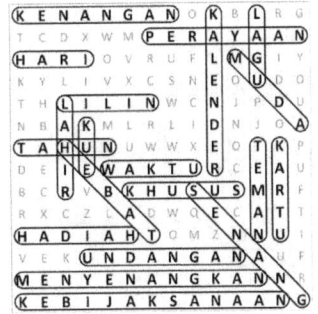

30 - Fattoria #1

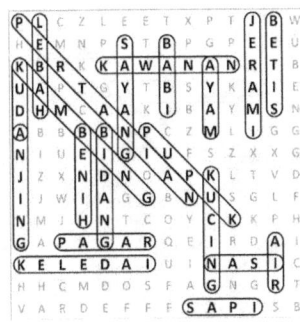

31 - Paesaggi

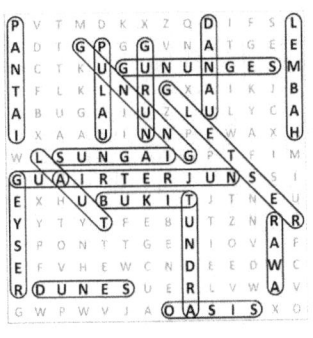

32 - Ristorante #2

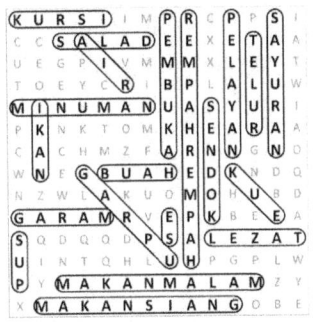

33 - Giardino

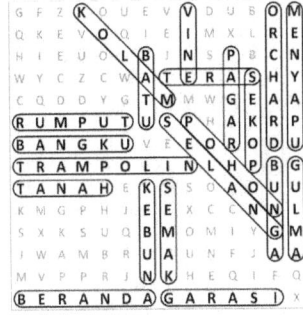

34 - Frutta

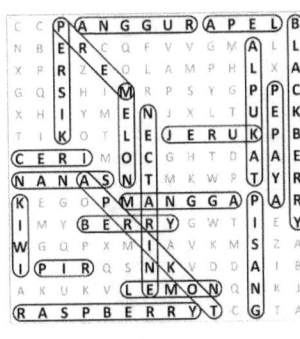

35 - Fattoria #2

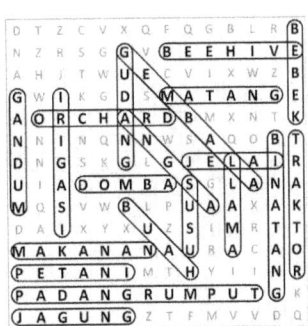

36 - Dinosauri

37 - Verdure

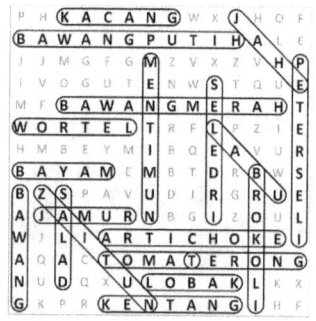

38 - Scuola #2

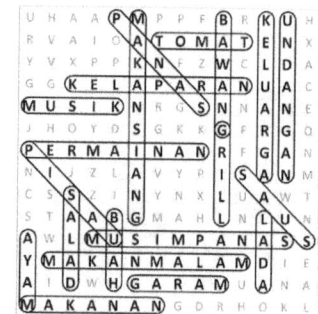

39 - Barbecue

40 - Riempire

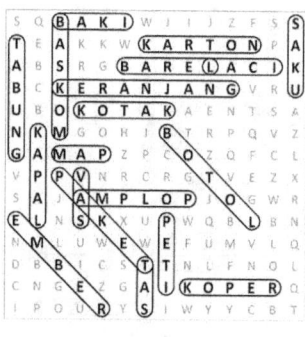

41 - Insetti

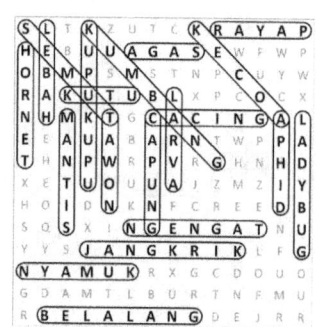

42 - Erboristeria

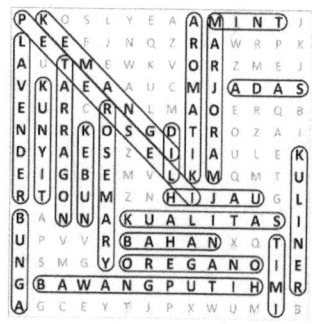

43 - Danza

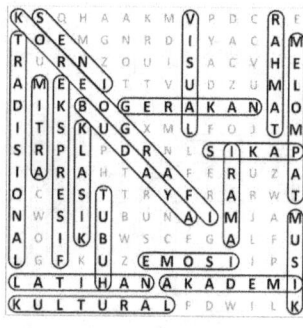

44 - Commedia

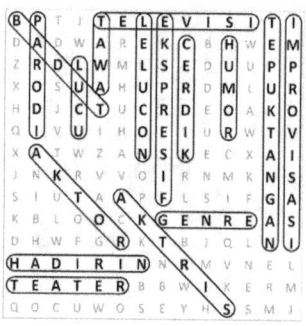

45 - Scuola #1

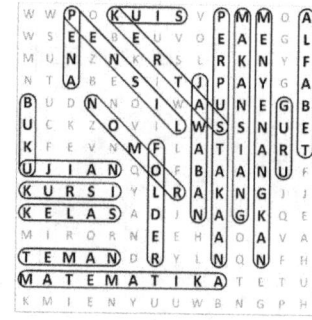

46 - Fiori

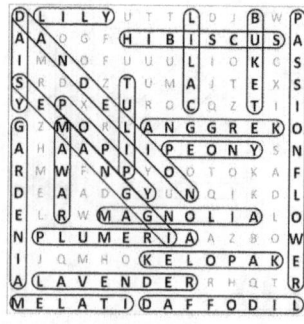

47 - Ecologia

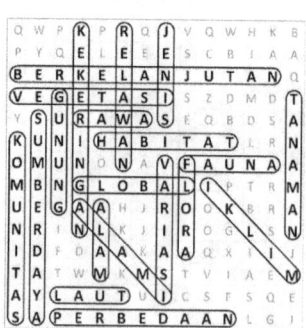

48 - Discipline Scientifiche

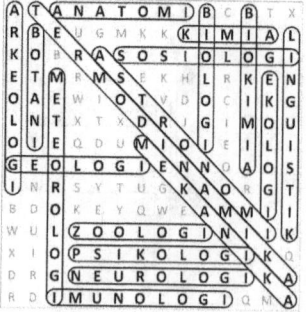

49 - Scienza

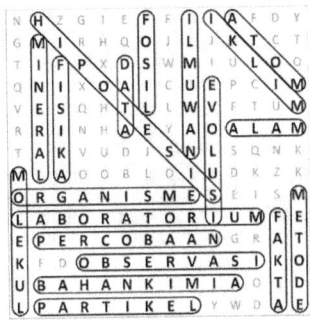

50 - Acqua

51 - Gatti

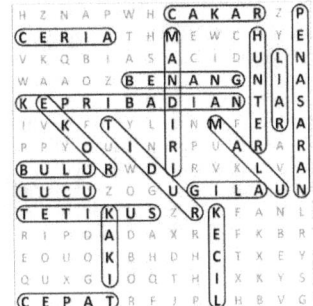

52 - Surf

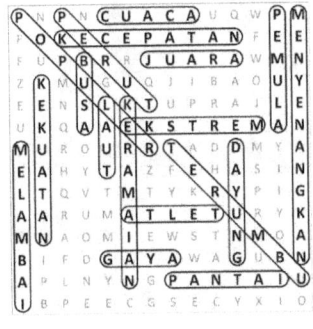

53 - Imbarcazioni

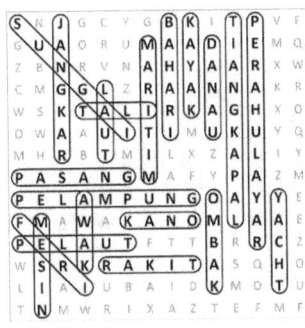

54 - Api

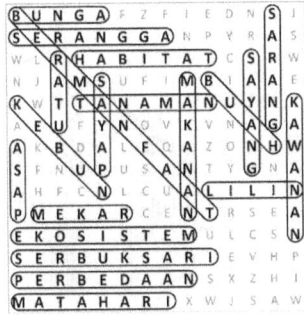

55 - Conservazione

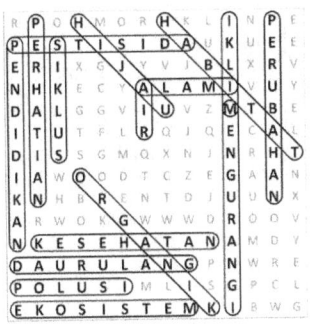

56 - Strumenti Musicali

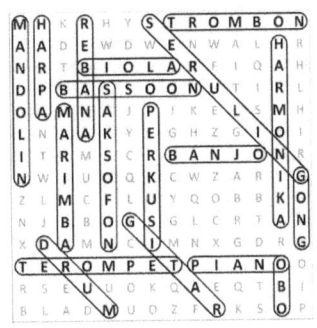

57 - Professioni #2

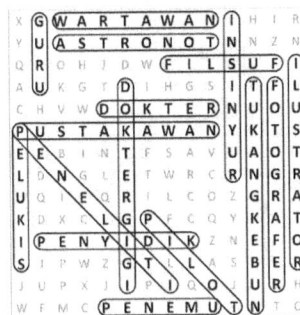

58 - Letteratura

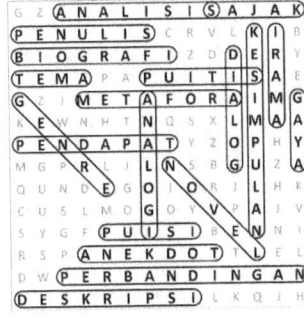

59 - Cibo #2

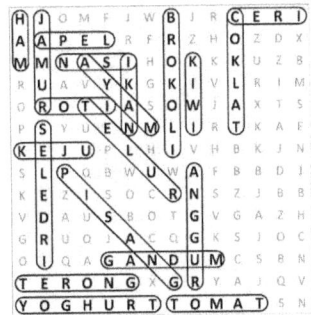

60 - Nutrizione

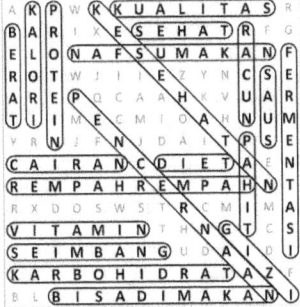

61 - Matematica

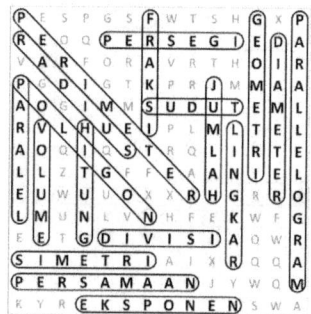

62 - Meditazione

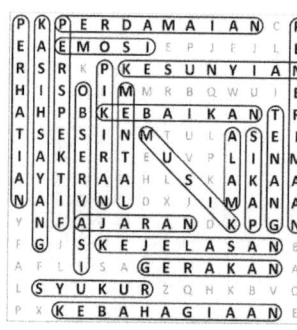

63 - Estate

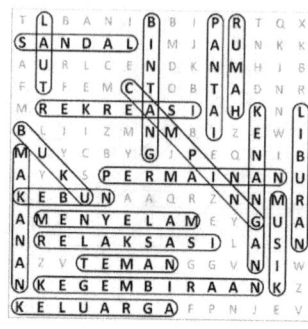

64 - Escursionismo

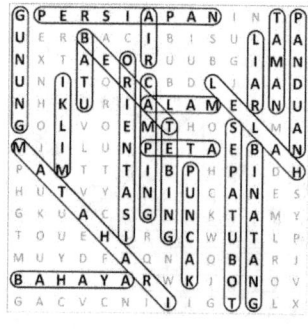

65 - Professioni #1

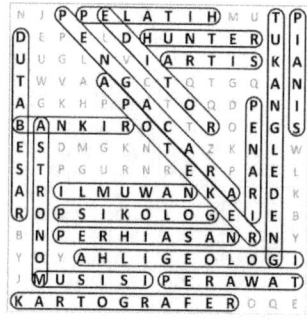

66 - Antartide

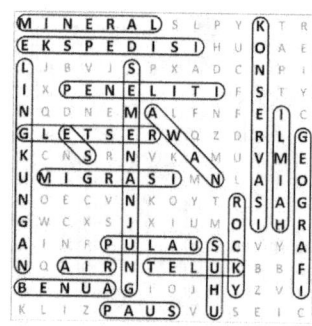

67 - Libri

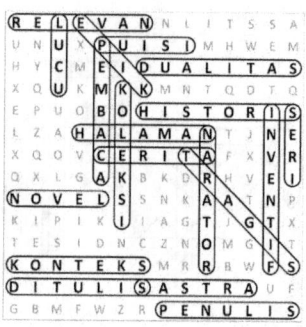

68 - Geografia

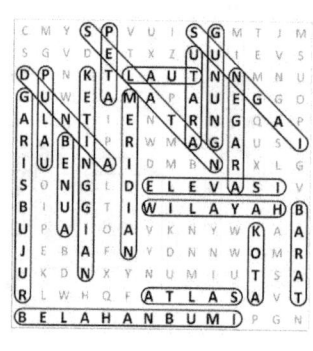

69 - Cibo #1

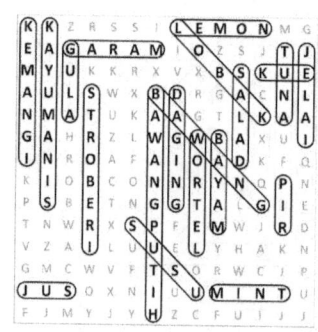

70 - Aeroplani

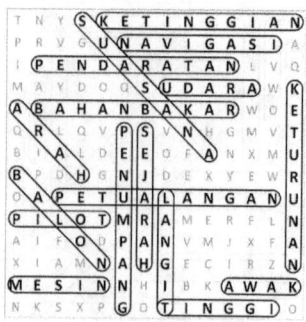

71 - Pirati

72 - Colori

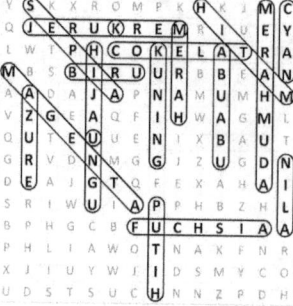

73 - Suoni

PADUAN SUARA, BATUK, PELUIT, GEMA, BERTEPUK, SIRENE, KERAS

74 - Spiaggia

MATAHARI, PULAU, LAUT, LAYAR, SANDAL, LAGUNA

75 - Avventura

KEAMANAN, TUJUAN, BARU, PELUANG, TANTANGAN

76 - Forme

SISI, PRISMA, PERSEGI, GARIS, KURVA, TEPI, LINGKARAN

77 - Oceano

TERUMBU, GARAM, HIU, PERAHU, ALGA, BELUT

78 - Veicoli

MESIN, ROKET, BIS, TRULI, HELIKOPTER, PESAWAT, TRAKTOR, KAPAL SELAM, AMBULANS, KERETA

79 - Emozioni

KEBAHAGIAAN, TAKUT, SIMPATI, CINTA, PUAS, KETENANGAN, BERSYUKUR

80 - Natura

DINAMIS, SUAKA, GUNUNG, ARKTIK, TROPIS, SUNGAI, KECANTIKAN, GURUN, PENAMPUNGAN

81 - Balletto

LATIHAN, KEAHLIAN, ARTISTIK, SIKAP, GAYA, INTENSITAS, TEPUK TANGAN, PENARI, KOREOGRAFI, TEKNIK

82 - Castelli

MULIA, KSATRIA, PEDANG, ISTANA, PERISAI, DINASTI, DINDING, FEODAL, MENARA, KEKAISARAN, KERAJAAN

83 - Foresta Pluviale

JENIS, NAUNGAN, AMFIBI, KOMUNITAS, AWAN, PELESTARIAN

84 - Edifici

SUPERMARKET, KEDUTAAN, MUSEUM, APARTEMEN, HOTEL, GUDANG, KASTIL, PABRIK, TENDA, STADION, LABORATORIUM

85 - Paesi #2

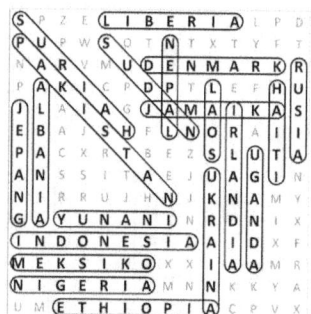

86 - Tipi di Capelli

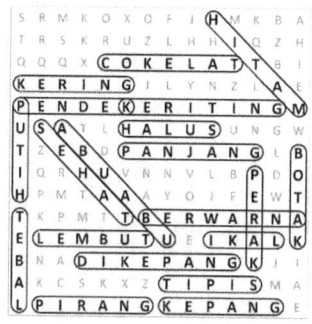

87 - Vestiti

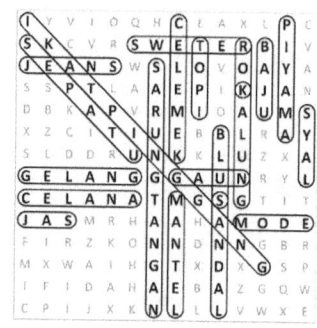

88 - Attività e Tempo Libero

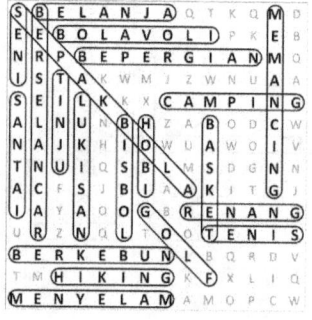

89 - Tecnologia

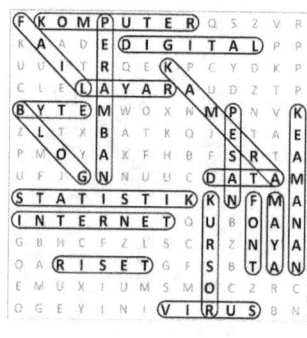

90 - Arte

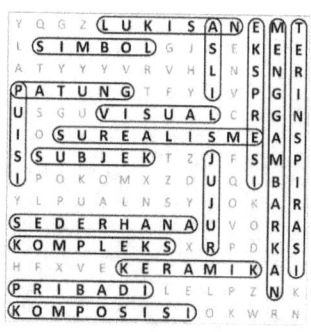

91 - Meteo

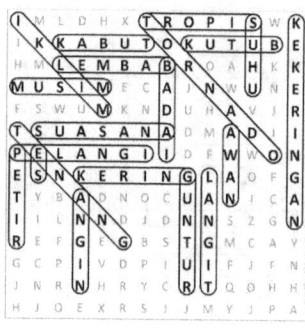

92 - Corpo Umano

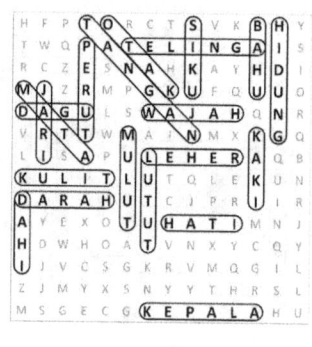

93 - Mammiferi

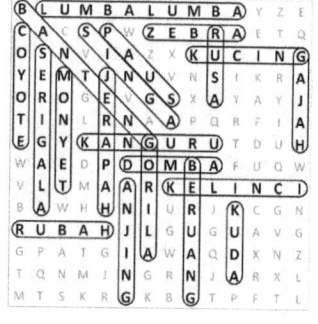

94 - Arrampicata

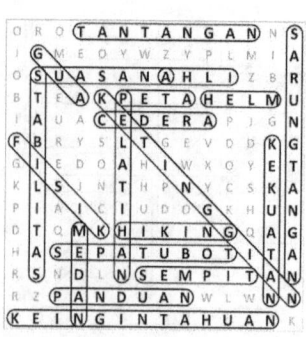

95 - Animali Domestici

96 - Cucina

97 - Vacanze #2

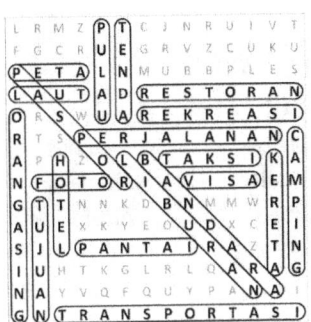

98 - Attività

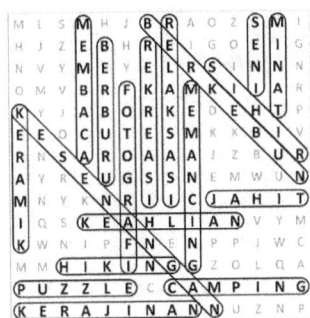

99 - Forniture Artistiche

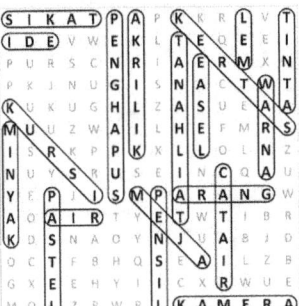

100 - Misurazioni

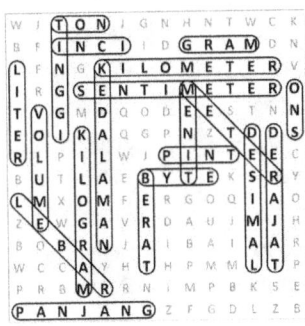

Dizionario

Acqua
Air

Alluvione	Banjir
Canale	Kanal
Doccia	Mandi
Evaporazione	Penguapan
Fiume	Sungai
Gelo	Embun Beku
Geyser	Geyser
Ghiaccio	Es
Irrigazione	Irigasi
Lago	Danau
Monsone	Musim
Neve	Salju
Oceano	Laut
Onde	Gelombang
Pioggia	Hujan
Umidità	Kelembaban
Umido	Lembab
Uragano	Badai
Vapore	Uap

Aeroplani
Pesawat Terbang

Altezza	Tinggi
Altitudine	Ketinggian
Aria	Udara
Atmosfera	Suasana
Atterraggio	Pendaratan
Avventura	Petualangan
Carburante	Bahan Bakar
Cielo	Langit
Costruzione	Konstruksi
Direzione	Arah
Discesa	Keturunan
Equipaggio	Awak
Idrogeno	Hidrogen
Motore	Mesin
Navigare	Navigasi
Palloncino	Balon
Passeggero	Penumpang
Pilota	Pilot
Storia	Sejarah
Turbolenza	Turbulensi

Aggettivi #1
Kata Sifat # 1

Ambizioso	Ambisius
Aromatico	Aromatik
Artistico	Artistik
Assoluto	Mutlak
Attivo	Aktif
Enorme	Besar
Esotico	Eksotis
Generoso	Dermawan
Giovane	Muda
Identico	Identik
Importante	Penting
Lento	Lambat
Lungo	Panjang
Moderno	Modern
Onesto	Jujur
Perfetto	Sempurna
Pesante	Berat
Prezioso	Berharga
Profondo	Dalam
Sottile	Tipis

Aggettivi #2
Kata Sifat #2

Affamato	Lapar
Asciutto	Kering
Autentico	Asli
Caldo	Panas
Creativo	Kreatif
Descrittivo	Deskriptif
Dolce	Manis
Drammatico	Dramatis
Elegante	Elegan
Famoso	Terkenal
Forte	Kuat
Interessante	Menarik
Naturale	Alami
Normale	Biasa
Nuovo	Baru
Orgoglioso	Bangga
Produttivo	Produktif
Puro	Murni
Salato	Asin
Sano	Sehat

Animali Domestici
Hewan Peliharaan

Acqua	Air
Cane	Anjing
Capra	Kambing
Cibo	Makanan
Coda	Ekor
Collare	Kerah
Coniglio	Kelinci
Criceto	Hamster
Cucciolo	Puppy
Gatto	Kucing
Guinzaglio	Tali
Lucertola	Kadal
Mucca	Sapi
Pappagallo	Burung Beo
Pesce	Ikan
Tartaruga	Penyu
Topo	Tetikus
Veterinario	Dokter Hewan
Zampe	Cakar

Antartide
Antartika

Acqua	Air
Ambiente	Lingkungan
Baia	Teluk
Balene	Paus
Conservazione	Konservasi
Continente	Benua
Geografia	Geografi
Ghiacciai	Gletser
Ghiaccio	Es
Isole	Pulau
Migrazione	Migrasi
Minerali	Mineral
Nuvole	Awan
Penisola	Semenanjung
Ricercatore	Peneliti
Roccioso	Rocky
Scientifico	Ilmiah
Spedizione	Ekspedisi
Temperatura	Suhu
Topografia	Topografi

Api
Lebah

Ali	Sayap
Alveare	Sarang
Benefico	Bermanfaat
Cera	Lilin
Cibo	Makanan
Diversità	Perbedaan
Ecosistema	Ekosistem
Fiori	Bunga
Fiorire	Mekar
Frutta	Buah
Fumo	Asap
Giardino	Kebun
Habitat	Habitat
Insetto	Serangga
Miele	Sayang
Piante	Tanaman
Polline	Serbuk Sari
Regina	Ratu
Sciame	Kawanan
Sole	Matahari

Arrampicata
Pendakian

Altitudine	Ketinggian
Atmosfera	Suasana
Casco	Helm
Curiosità	Keingintahuan
Escursioni	Hiking
Esperto	Ahli
Fisico	Fisik
Formazione	Pelatihan
Forza	Kekuatan
Grotta	Gua
Guanti	Sarung Tangan
Guide	Panduan
Lesione	Cedera
Mappa	Peta
Sfide	Tantangan
Stabilità	Stabilitas
Stivali	Sepatu Bot
Stretto	Sempit
Terreno	Medan

Arte
Seni

Ceramica	Keramik
Complesso	Kompleks
Composizione	Komposisi
Dipinti	Lukisan
Espressione	Ekspresi
Ispirato	Terinspirasi
Onesto	Jujur
Originale	Asli
Personale	Pribadi
Poesia	Puisi
Ritrarre	Menggambarkan
Scultura	Patung
Semplice	Sederhana
Simbolo	Simbol
Soggetto	Subjek
Surrealismo	Surealisme
Umore	Suasana Hati
Visivo	Visual

Arti Visive
Seni Visual

Architettura	Arsitektur
Argilla	Tanah Liat
Artista	Artis
Capolavoro	Mahakarya
Carbone	Arang
Cavalletto	Penyangga
Cera	Lilin
Ceramica	Keramik
Composizione	Komposisi
Creatività	Kreativitas
Film	Film
Fotografia	Foto
Gesso	Kapur
Matita	Pensil
Penna	Pena
Pittura	Lukisan
Prospettiva	Perspektif
Ritratto	Potret
Scultura	Patung
Vernice	Pernis

Astronomia
Astronomi

Asteroide	Asteroid
Astronauta	Astronot
Astronomo	Astronom
Cielo	Langit
Cosmo	Kosmos
Costellazione	Konstelasi
Equinozio	Equinox
Galassia	Galaksi
Gravità	Gravitasi
Luna	Bulan
Meteora	Meteor
Nebulosa	Nebula
Osservatorio	Observatorium
Pianeta	Planet
Radiazione	Radiasi
Razzo	Roket
Supernova	Supernova
Telescopio	Teleskop
Terra	Bumi
Universo	Alam Semesta

Attività
Kegiatan

Abilità	Keahlian
Arte	Seni
Artigianato	Kerajinan
Attività	Aktivitas
Caccia	Berburu
Campeggio	Camping
Ceramica	Keramik
Cucire	Jahit
Escursioni	Hiking
Fotografia	Fotografi
Giardinaggio	Berkebun
Giochi	Permainan
Interessi	Minat
Lettura	Membaca
Magia	Sihir
Pesca	Memancing
Piacere	Kesenangan
Puzzle	Puzzle
Rilassamento	Relaksasi
Tempo Libero	Rekreasi

Attività e Tempo Libero
Aktivitas dan Kenyamanan

Italiano	Indonesia
Arte	Seni
Baseball	Bisbol
Basket	Basket
Boxe	Tinju
Calcio	Sepak Bola
Campeggio	Camping
Escursioni	Hiking
Giardinaggio	Berkebun
Golf	Golf
Hobby	Hobi
Immersione	Menyelam
Nuoto	Renang
Pallavolo	Bola Voli
Pesca	Memancing
Pittura	Lukisan
Rilassante	Santai
Shopping	Belanja
Surf	Berselancar
Tennis	Tenis
Viaggio	Bepergian

Autunno
Musim Gugur

Italiano	Indonesia
Abbigliamento	Pakaian
Castagne	Chestnut
Clima	Iklim
Deciduo	Gugur
Equinozio	Equinox
Festival	Festival
Frutteto	Orchard
Gelo	Frost
Ghianda	Acorn
Incendi	Kebakaran
Mele	Apel
Mesi	Bulan
Meteo	Cuaca
Migrazione	Migrasi
Natura	Alam
Stagionale	Musiman

Avventura
Petualangan

Italiano	Indonesia
Amici	Teman
Attività	Aktivitas
Bellezza	Kecantikan
Coraggio	Keberanian
Destinazione	Tujuan
Difficoltà	Kesulitan
Entusiasmo	Antusiasme
Escursione	Pesiar
Gioia	Kegembiraan
Insolito	Tidak Biasa
Itinerario	Jadwal
Natura	Alam
Navigazione	Navigasi
Nuovo	Baru
Opportunità	Peluang
Pericoloso	Berbahaya
Preparazione	Persiapan
Sfide	Tantangan
Sicurezza	Keamanan
Viaggi	Perjalanan

Balletto
Balet

Italiano	Indonesia
Abilità	Keahlian
Applauso	Tepuk Tangan
Artistico	Artistik
Ballerina	Balerina
Ballerini	Penari
Compositore	Komposer
Coreografia	Koreografi
Espressivo	Ekspresif
Gesto	Sikap
Grazioso	Anggun
Intensità	Intensitas
Muscoli	Otot
Musica	Musik
Orchestra	Orkestra
Pratica	Praktek
Prova	Latihan
Pubblico	Hadirin
Ritmo	Irama
Stile	Gaya
Tecnica	Teknik

Barbecue
Barbekyu

Italiano	Indonesia
Caldo	Panas
Cena	Makan Malam
Cibo	Makanan
Cipolle	Bawang
Coltelli	Pisau
Estate	Musim Panas
Fame	Kelaparan
Famiglia	Keluarga
Frutta	Buah
Giochi	Permainan
Griglia	Grill
Insalate	Salad
Invito	Undangan
Musica	Musik
Pepe	Lada
Pollo	Ayam
Pomodori	Tomat
Pranzo	Makan Siang
Sale	Garam
Salsa	Saus

Campeggio
Berkemah

Italiano	Indonesia
Alberi	Pohon
Animali	Binatang
Attrezzatura	Peralatan
Avventura	Petualangan
Bussola	Kompas
Cabina	Kabin
Caccia	Berburu
Canoa	Kano
Cappello	Topi
Corda	Tali
Divertimento	Menyenangkan
Foresta	Hutan
Fuoco	Api
Insetto	Serangga
Lago	Danau
Luna	Bulan
Mappa	Peta
Montagna	Gunung
Natura	Alam
Tenda	Tenda

Casa
Rumah

Attico	Loteng
Biblioteca	Perpustakaan
Camera	Ruangan
Camino	Perapian
Cucina	Dapur
Doccia	Mandi
Finestra	Jendela
Garage	Garasi
Giardino	Kebun
Lampada	Lampu
Parete	Dinding
Pavimento	Lantai
Porta	Pintu
Recinto	Pagar
Rubinetto	Keran
Scopa	Sapu
Soffitto	Langit-Langit
Specchio	Cermin
Tappeto	Karpet
Tetto	Atap

Castelli
Kastil

Armatura	Zirah
Catapulta	Katapel
Cavaliere	Ksatria
Cavallo	Kuda
Corona	Mahkota
Dinastia	Dinasti
Drago	Naga
Feudale	Feodal
Fortezza	Benteng
Impero	Kekaisaran
Nobile	Mulia
Palazzo	Istana
Parete	Dinding
Principe	Pangeran
Principessa	Putri
Regno	Kerajaan
Scudo	Perisai
Spada	Pedang
Torre	Menara
Unicorno	Unicorn

Cibo #1
Makanan # 1

Aglio	Bawang Putih
Basilico	Kemangi
Cannella	Kayu Manis
Carne	Daging
Carota	Wortel
Cipolla	Bawang
Fragola	Stroberi
Insalata	Salad
Latte	Susu
Limone	Lemon
Menta	Mint
Orzo	Jelai
Pera	Pir
Rapa	Lobak
Sale	Garam
Spinaci	Bayam
Succo	Jus
Tonno	Tuna
Torta	Kue
Zucchero	Gula

Cibo #2
Makanan # 2

Banana	Pisang
Broccolo	Brokoli
Ciliegia	Ceri
Cioccolato	Coklat
Formaggio	Keju
Fungo	Jamur
Grano	Gandum
Kiwi	Kiwi
Mela	Apel
Melanzana	Terong
Pane	Roti
Pesce	Ikan
Pollo	Ayam
Pomodoro	Tomat
Prosciutto	Ham
Riso	Nasi
Sedano	Seledri
Uovo	Telur
Uva	Anggur
Yogurt	Yoghurt

Cioccolato
Cokelat

Amaro	Pahit
Antiossidante	Antioksidan
Arachidi	Kacang
Aroma	Aroma
Artigianale	Artisanal
Cacao	Kakao
Calorie	Kalori
Caramella	Permen
Caramello	Karamel
Delizioso	Lezat
Dolce	Manis
Esotico	Eksotis
Gusto	Rasa
Ingrediente	Bahan
Noce di Cocco	Kelapa
Polvere	Bubuk
Preferito	Favorit
Qualità	Kualitas
Ricetta	Resep
Zucchero	Gula

Circo
Sirkus

Acrobata	Akrobat
Animali	Binatang
Biglietto	Tiket
Caramella	Permen
Clown	Badut
Costume	Kostum
Elefante	Gajah
Giocoliere	Juggler
Intrattenere	Menghibur
Leone	Singa
Magia	Sihir
Mago	Pesulap
Musica	Musik
Palloncini	Balon
Parata	Parade
Scimmia	Monyet
Spettacolare	Spektakuler
Spettatore	Penonton
Tenda	Tenda
Tigre	Harimau

Città
Kota

Aeroporto	Bandara
Banca	Bank
Biblioteca	Perpustakaan
Cinema	Bioskop
Clinica	Klinik
Farmacia	Farmasi
Fiorista	Florist
Galleria	Galeri
Hotel	Hotel
Libreria	Toko Buku
Mercato	Pasar
Museo	Museum
Negozio	Toko
Panetteria	Toko Roti
Ristorante	Restoran
Scuola	Sekolah
Stadio	Stadion
Supermercato	Supermarket
Teatro	Teater
Università	Universitas

Colori
Colors

Arancia	Jeruk
Azzurro	Azure
Beige	Krem
Bianco	Putih
Blu	Biru
Ciano	Cyan
Fucsia	Fuchsia
Giallo	Kuning
Grigio	Abu-Abu
Indaco	Nila
Magenta	Magenta
Marrone	Cokelat
Nero	Hitam
Rosa	Merah Muda
Rosso	Merah
Seppia	Sepia
Verde	Hijau
Viola	Ungu

Commedia
Komedi

Applauso	Tepuk Tangan
Attore	Aktor
Attrice	Aktris
Clown	Badut
Divertente	Lucu
Divertimento	Menyenangkan
Espressivo	Ekspresif
Genere	Genre
Improvvisazione	Improvisasi
Intelligente	Cerdik
Parodia	Parodi
Pubblico	Hadirin
Risata	Tawa
Scherzi	Lelucon
Teatro	Teater
Televisione	Televisi
Umorismo	Humor

Compleanno
Hari Ulang Tahun

Amici	Teman
Anno	Tahun
Calendario	Kalender
Candele	Lilin
Canzone	Lagu
Carte	Kartu
Celebrazione	Perayaan
Divertimento	Menyenangkan
Felice	Senang
Giorno	Hari
Giovane	Muda
Grande	Hebat
Inviti	Undangan
Nato	Lahir
Regalo	Hadiah
Ricordi	Kenangan
Saggezza	Kebijaksanaan
Speciale	Khusus
Tempo	Waktu
Torta	Kue

Conservazione
Konservasi

Acqua	Air
Ambientale	Lingkungan
Cambiamenti	Perubahan
Ciclo	Siklus
Clima	Iklim
Ecosistema	Ekosistem
Educazione	Pendidikan
Habitat	Habitat
Inquinamento	Polusi
Naturale	Alami
Organico	Organik
Pesticida	Pestisida
Preoccupazione	Perhatian
Riciclare	Daur Ulang
Ridurre	Mengurangi
Salute	Kesehatan
Sostenibile	Berkelanjutan
Verde	Hijau
Volontario	Sukarelawan

Corpo Umano
Tubuh Manusia

Bocca	Mulut
Cervello	Otak
Collo	Leher
Cuore	Hati
Dito	Jari
Faccia	Wajah
Fronte	Dahi
Gamba	Kaki
Ginocchio	Lutut
Gomito	Siku
Mano	Tangan
Mento	Dagu
Naso	Hidung
Occhio	Mata
Orecchio	Telinga
Pelle	Kulit
Sangue	Darah
Spalla	Bahu
Stomaco	Perut
Testa	Kepala

Cucina
Kitchen

Bacchette	Sumpit
Bollitore	Ketel
Brocca	Kendi
Cibo	Makanan
Ciotola	Mangkuk
Coltelli	Pisau
Congelatore	Freezer
Cucchiai	Sendok
Forchette	Garpu
Forno	Oven
Frigorifero	Kulkas
Grembiule	Celemek
Griglia	Grill
Ricetta	Resep
Spezie	Rempah-Rempah
Spugna	Spons
Tazze	Cangkir
Tovagliolo	Serbet
Vaso	Jar

Danza
Menari

Accademia	Akademi
Arte	Seni
Classico	Klasik
Compagno	Mitra
Coreografia	Koreografi
Corpo	Tubuh
Cultura	Budaya
Culturale	Kultural
Emozione	Emosi
Espressivo	Ekspresif
Grazia	Rahmat
Movimento	Gerakan
Musica	Musik
Postura	Sikap
Prova	Latihan
Ritmo	Irama
Salto	Melompat
Tradizionale	Tradisional
Visivo	Visual

Dinosauri
Dinosaurus

Ali	Sayap
Carnivoro	Karnivora
Coda	Ekor
Erbivoro	Herbivora
Evoluzione	Evolusi
Fossili	Fosil
Grande	Besar
Mammut	Mammoth
Onnivoro	Omnivora
Potente	Kuat
Preda	Mangsa
Preistorico	Prasejarah
Rapace	Raptor
Rettile	Reptil
Scomparsa	Hilangnya
Specie	Jenis
Taglia	Ukuran
Terra	Bumi
Vizioso	Setan

Discipline Scientifiche
Disiplin Ilmiah

Anatomia	Anatomi
Archeologia	Arkeologi
Astronomia	Astronomi
Biochimica	Biokimia
Biologia	Biologi
Botanica	Botani
Chimica	Kimia
Ecologia	Ekologi
Fisiologia	Fisiologi
Geologia	Geologi
Immunologia	Imunologi
Linguistica	Linguistik
Meccanica	Mekanika
Meteorologia	Meteorologi
Mineralogia	Mineralogi
Neurologia	Neurologi
Psicologia	Psikologi
Sociologia	Sosiologi
Termodinamica	Termodinamika
Zoologia	Zoologi

Ecologia
Ekologi

Clima	Iklim
Comunità	Komunitas
Diversità	Perbedaan
Fauna	Fauna
Flora	Flora
Globale	Global
Habitat	Habitat
Marino	Laut
Montagne	Gunung
Natura	Alam
Naturale	Alami
Palude	Rawa
Piante	Tanaman
Risorse	Sumber Daya
Siccità	Kekeringan
Sostenibile	Berkelanjutan
Specie	Jenis
Varietà	Variasi
Vegetazione	Vegetasi
Volontari	Relawan

Edifici
Bangunan

Ambasciata	Kedutaan
Appartamento	Apartemen
Cabina	Kabin
Castello	Kastil
Cinema	Bioskop
Fabbrica	Pabrik
Fienile	Gudang
Hotel	Hotel
Laboratorio	Laboratorium
Museo	Museum
Ospedale	Rumah Sakit
Osservatorio	Observatorium
Ostello	Hostel
Scuola	Sekolah
Stadio	Stadion
Supermercato	Supermarket
Teatro	Teater
Tenda	Tenda
Torre	Menara
Università	Universitas

Emozioni
Emosi

Amore	Cinta
Beatitudine	Kebahagiaan
Calma	Tenang
Contenuto	Isi
Gentilezza	Kebaikan
Gioia	Kegembiraan
Grato	Bersyukur
Imbarazzato	Malu
Noia	Kebosanan
Pace	Perdamaian
Paura	Takut
Rabbia	Amarah
Rilassato	Santai
Rilievo	Lega
Simpatia	Simpati
Soddisfatto	Puas
Tenerezza	Kelembutan
Tranquillità	Ketenangan
Tristezza	Kesedihan

Erboristeria
Herbalisme

Aglio	Bawang Putih
Aneto	Dil
Aromatico	Aromatik
Basilico	Kemangi
Culinario	Kuliner
Dragoncello	Tarragon
Finocchio	Adas
Fiore	Bunga
Giardino	Kebun
Ingrediente	Bahan
Lavanda	Lavender
Maggiorana	Marjoram
Menta	Mint
Origano	Oregano
Prezzemolo	Peterseli
Qualità	Kualitas
Rosmarino	Rosemary
Timo	Timi
Verde	Hijau
Zafferano	Kunyit

Escursionismo
Mendaki

Acqua	Air
Animali	Binatang
Campeggio	Camping
Clima	Iklim
Guide	Panduan
Mappa	Peta
Montagna	Gunung
Natura	Alam
Orientamento	Orientasi
Parchi	Taman
Pericoli	Bahaya
Pesante	Berat
Pietre	Batu
Preparazione	Persiapan
Scogliera	Tebing
Selvaggio	Liar
Sole	Matahari
Stanco	Lelah
Stivali	Sepatu Bot
Vertice	Puncak

Esplorazione
Eksplorasi

Animali	Binatang
Attività	Aktivitas
Coraggio	Keberanian
Culture	Budaya
Determinazione	Tekad
Eccitazione	Kegembiraan
Esaurimento	Kelelahan
Lingua	Bahasa
Nuovo	Baru
Pericoli	Bahaya
Pericoloso	Berbahaya
Sconosciuto	Diketahui
Scoperta	Penemuan
Selvaggio	Liar
Spazio	Ruang
Terreno	Medan
Viaggio	Bepergian

Estate
Musim Panas

Amici	Teman
Campeggio	Camping
Casa	Rumah
Cibo	Makanan
Famiglia	Keluarga
Giardino	Kebun
Giochi	Permainan
Gioia	Kegembiraan
Immersione	Menyelam
Libri	Buku
Mare	Laut
Musica	Musik
Ricordi	Kenangan
Rilassamento	Relaksasi
Sandali	Sandal
Spiaggia	Pantai
Stelle	Bintang
Tempo Libero	Rekreasi
Vacanza	Liburan
Viaggio	Bepergian

Fantascienza
Fiksi Ilmiah

Atomico	Atom
Cinema	Bioskop
Distopia	Distopia
Esplosione	Ledakan
Estremo	Ekstrem
Fantastico	Fantastis
Fuoco	Api
Futuristico	Futuristik
Galassia	Galaksi
Illusione	Ilusi
Immaginario	Imajiner
Libri	Buku
Misterioso	Gaib
Mondo	Dunia
Oracolo	Oracle
Pianeta	Planet
Realistico	Realistis
Robot	Robot
Tecnologia	Teknologi
Utopia	Utopia

Fattoria #1
Peternakan #1

Acqua	Air
Agricoltura	Pertanian
Ape	Lebah
Asino	Keledai
Campo	Bidang
Cane	Anjing
Capra	Kambing
Cavallo	Kuda
Fertilizzante	Pupuk
Fieno	Jerami
Gatto	Kucing
Gregge	Kawanan
Maiale	Babi
Miele	Sayang
Mucca	Sapi
Pollo	Ayam
Recinto	Pagar
Riso	Nasi
Semi	Benih
Vitello	Betis

Fattoria #2
Peternakan #2

Agricoltore	Petani
Alveare	Beehive
Anatra	Bebek
Animali	Binatang
Cibo	Makanan
Fienile	Gudang
Frutta	Buah
Frutteto	Orchard
Grano	Gandum
Irrigazione	Irigasi
Lama	Llama
Latte	Susu
Mais	Jagung
Maturo	Matang
Oche	Angsa
Orzo	Jelai
Pastore	Gembala
Pecora	Domba
Prato	Padang Rumput
Trattore	Traktor

Fiori
Bunga-Bunga

Dente di Leone	Dandelion
Gardenia	Gardenia
Gelsomino	Melati
Giglio	Lily
Ibisco	Hibiscus
Lavanda	Lavender
Lilla	Lilac
Magnolia	Magnolia
Margherita	Daisy
Mazzo	Buket
Narciso	Daffodil
Orchidea	Anggrek
Papavero	Poppy
Passiflora	Passionflower
Peonia	Peony
Petalo	Kelopak
Plumeria	Plumeria
Rosa	Mawar
Trifoglio	Semanggi
Tulipano	Tulip

Foresta Pluviale
Hutan Hujan

Anfibi	Amfibi
Botanico	Botani
Clima	Iklim
Comunità	Komunitas
Diversità	Perbedaan
Giungla	Hutan
Indigeno	Asli
Insetti	Serangga
Mammiferi	Mamalia
Muschio	Lumut
Natura	Alam
Nuvole	Awan
Preservazione	Pelestarian
Prezioso	Berharga
Restauro	Restorasi
Rifugio	Naungan
Rispetto	Menghormati
Specie	Jenis
Uccelli	Burung

Forme
Bentuk

Angolo	Sudut
Arco	Arc
Bordi	Tepi
Cerchio	Lingkaran
Cilindro	Silinder
Cono	Kerucut
Cubo	Kubus
Curva	Kurva
Ellisse	Elips
Iperbole	Hiperbola
Lato	Sisi
Linea	Garis
Ovale	Oval
Piramide	Piramida
Poligono	Poligon
Prisma	Prisma
Quadrato	Persegi
Rotondo	Bulat
Sfera	Bola
Triangolo	Segitiga

Forniture Artistiche
Perlengkapan Seni

Acqua	Air
Acquerelli	Cat Air
Acrilico	Akrilik
Argilla	Tanah Liat
Carbone	Arang
Carta	Kertas
Cavalletto	Easel
Colla	Lem
Colori	Warna
Creatività	Kreativitas
Gomma	Penghapus
Idee	Ide
Inchiostro	Tinta
Matite	Pensil
Olio	Minyak
Pastelli	Pastel
Sedia	Kursi
Spazzole	Sikat
Tavolo	Meja
Telecamera	Kamera

Frutta
Buah

Albicocca	Aprikot
Ananas	Nanas
Arancia	Jeruk
Avocado	Alpukat
Bacca	Berry
Banana	Pisang
Ciliegia	Ceri
Kiwi	Kiwi
Lampone	Raspberry
Limone	Lemon
Mango	Mangga
Mela	Apel
Melone	Melon
Mora	Blackberry
Nettarina	Nectarine
Papaia	Pepaya
Pera	Pir
Pesca	Persik
Prugna	Prem
Uva	Anggur

Gatti
Kucing

Artiglio	Cakar
Cacciatore	Hunter
Coda	Ekor
Curioso	Penasaran
Divertente	Lucu
Dormire	Tidur
Filo	Benang
Giocoso	Ceria
Indipendente	Mandiri
Pazzo	Gila
Pelliccia	Bulu
Personalità	Kepribadian
Poco	Kecil
Selvaggio	Liar
Timido	Malu
Topo	Tetikus
Veloce	Cepat
Zampa	Kaki

Geografia
Geografi

Altitudine	Ketinggian
Atlante	Atlas
Città	Kota
Continente	Benua
Elevazione	Elevasi
Emisfero	Belahan Bumi
Fiume	Sungai
Isola	Pulau
Latitudine	Garis Lintang
Longitudine	Garis Bujur
Mappa	Peta
Mare	Laut
Meridiano	Meridian
Mondo	Dunia
Montagna	Gunung
Nord	Utara
Ovest	Barat
Paese	Negara
Sud	Selatan
Territorio	Wilayah

Geologia
Geologi

Acido	Asam
Calcio	Kalsium
Caverna	Gua
Continente	Benua
Corallo	Karang
Cristalli	Kristal
Erosione	Erosi
Fossile	Fosil
Geyser	Geyser
Lava	Lahar
Minerali	Mineral
Pietra	Batu
Quarzo	Kuarsa
Sale	Garam
Stalagmiti	Stalagmit
Stalattite	Stalaktit
Strato	Lapisan
Terremoto	Gempa Bumi
Vulcano	Gunung Berapi
Zona	Zona

Giardino
Taman

Albero	Pohon
Cespuglio	Semak
Erba	Rumput
Erbacce	Gulma
Fiore	Bunga
Frutteto	Orchard
Garage	Garasi
Giardino	Kebun
Pala	Sekop
Panca	Bangku
Portico	Beranda
Rastrello	Menyapu
Recinto	Pagar
Rocce	Batu
Stagno	Kolam
Suolo	Tanah
Terrazza	Teras
Trampolino	Trampolin
Tubo	Selang
Vite	Vine

Giocattoli
Mainan

Aereo	Pesawat
Aquilone	Layang-Layang
Argilla	Tanah Liat
Artigianato	Kerajinan
Auto	Mobil
Bambola	Boneka
Barca	Perahu
Batteria	Drum
Bicicletta	Sepeda
Camion	Truk
Giochi	Permainan
Immaginazione	Imajinasi
Libri	Buku
Palla	Bola
Preferito	Favorit
Puzzle	Teka-Teki
Robot	Robot
Scacchi	Catur
Treno	Kereta
Vernici	Cat

Giorni e Mesi
Hari dan Bulan

Agosto	Agustus
Anno	Tahun
Aprile	April
Calendario	Kalender
Dicembre	Desember
Domenica	Minggu
Febbraio	Februari
Gennaio	Januari
Giugno	Juni
Luglio	Juli
Lunedì	Senin
Martedì	Selasa
Marzo	Maret
Mercoledì	Rabu
Mese	Bulan
Novembre	November
Ottobre	Oktober
Sabato	Sabtu
Settembre	September
Venerdì	Jumat

Guida
Mengemudi

Auto	Mobil
Autobus	Bis
Carburante	Bahan Bakar
Freni	Rem
Garage	Garasi
Gas	Gas
Incidente	Kecelakaan
Licenza	Lisensi
Mappa	Peta
Moto	Sepeda Motor
Motore	Motor
Pedonale	Pejalan Kaki
Pericolo	Bahaya
Polizia	Polisi
Sicurezza	Keamanan
Strada	Jalan
Traffico	Lalu Lintas
Trasporto	Transportasi
Tunnel	Terowongan
Velocità	Kecepatan

Imbarcazioni
Perahu

Albero	Tiang Kapal
Ancora	Jangkar
Barca a Vela	Perahu Layar
Boa	Pelampung
Canoa	Kano
Corda	Tali
Equipaggio	Awak
Fiume	Sungai
Kayak	Kayak
Lago	Danau
Mare	Laut
Marea	Pasang
Marinaio	Pelaut
Marittimo	Maritim
Motore	Mesin
Nautico	Bahari
Onde	Ombak
Traghetto	Feri
Yacht	Yacht
Zattera	Rakit

Insetti
Serangga

Afide	Aphid
Ape	Lebah
Calabrone	Hornet
Cavalletta	Belalang
Cicala	Jangkrik
Coccinella	Ladybug
Coleottero	Kumbang
Falena	Ngengat
Farfalla	Kupu-Kupu
Formica	Semut
Larva	Larva
Libellula	Capung
Mantide	Mantis
Moscerino	Agas
Pulce	Kutu
Scarafaggio	Kecoa
Termite	Rayap
Verme	Cacing
Vespa	Tawon
Zanzara	Nyamuk

Letteratura
Literatur

Analisi	Analisis
Analogia	Analogi
Aneddoto	Anekdot
Autore	Penulis
Biografia	Biografi
Conclusione	Kesimpulan
Confronto	Perbandingan
Descrizione	Deskripsi
Dialogo	Dialog
Genere	Genre
Metafora	Metafora
Opinione	Pendapat
Poesia	Puisi
Poetico	Puitis
Rima	Sajak
Ritmo	Irama
Romanzo	Novel
Stile	Gaya
Tema	Tema
Tragedia	Tragedi

Libri
Buku-Buku

Autore	Penulis
Avventura	Petualangan
Collezione	Koleksi
Contesto	Konteks
Dualità	Dualitas
Epico	Epik
Inventivo	Inventif
Letterario	Sastra
Lettore	Pembaca
Narratore	Narator
Pagina	Halaman
Poesia	Puisi
Rilevante	Relevan
Romanzo	Novel
Scritto	Ditulis
Serie	Seri
Storia	Cerita
Storico	Historis
Tragico	Tragis
Umoristico	Lucu

Mammiferi
Mamalia

Balena	Paus
Cane	Anjing
Canguro	Kanguru
Cavallo	Kuda
Cervo	Rusa
Coniglio	Kelinci
Coyote	Coyote
Delfino	Lumba-Lumba
Elefante	Gajah
Gatto	Kucing
Giraffa	Jerapah
Gorilla	Gorila
Leone	Singa
Lupo	Serigala
Orso	Beruang
Pecora	Domba
Scimmia	Monyet
Toro	Banteng
Volpe	Rubah
Zebra	Zebra

Matematica
Matematika

Angoli	Sudut
Aritmetica	Hitung
Circonferenza	Lingkar
Decimale	Desimal
Diametro	Diameter
Divisione	Divisi
Equazione	Persamaan
Esponente	Eksponen
Frazione	Fraksi
Geometria	Geometri
Parallelo	Paralel
Parallelogramma	Parallelogram
Perimetro	Perimeter
Poligono	Poligon
Quadrato	Persegi
Raggio	Radius
Simmetria	Simetri
Somma	Jumlah
Triangolo	Segitiga
Volume	Volume

Meditazione
Meditasi

Accettazione	Penerimaan
Attenzione	Perhatian
Calma	Tenang
Chiarezza	Kejelasan
Compassione	Kasih Sayang
Emozioni	Emosi
Felicità	Kebahagiaan
Gentilezza	Kebaikan
Gratitudine	Syukur
Insegnamenti	Ajaran
Mentale	Mental
Mente	Pikiran
Movimento	Gerakan
Musica	Musik
Natura	Alam
Osservazione	Observasi
Pace	Perdamaian
Postura	Sikap
Prospettiva	Perspektif
Silenzio	Kesunyian

Meteo
Cuaca

Arcobaleno	Pelangi
Asciutto	Kering
Atmosfera	Suasana
Calma	Tenang
Cielo	Langit
Clima	Iklim
Fulmine	Petir
Ghiaccio	Es
Monsone	Musim
Nebbia	Kabut
Nube	Awan
Polare	Kutub
Siccità	Kekeringan
Temperatura	Suhu
Tempesta	Badai
Tornado	Tornado
Tropicale	Tropis
Tuono	Guntur
Umido	Lembab
Vento	Angin

Misurazioni
Pengukuran

Altezza	Tinggi
Byte	Byte
Centimetro	Sentimeter
Chilogrammo	Kilogram
Chilometro	Kilometer
Decimale	Desimal
Grado	Derajat
Grammo	Gram
Larghezza	Lebar
Litro	Liter
Lunghezza	Panjang
Metro	Meter
Minuto	Menit
Oncia	Ons
Peso	Berat
Pinta	Pint
Pollice	Inci
Profondità	Kedalaman
Tonnellata	Ton
Volume	Volume

Mitologia
Mitologi

Archetipo	Pola Dasar
Comportamento	Perilaku
Creatura	Makhluk
Creazione	Penciptaan
Cultura	Budaya
Disastro	Bencana
Divinità	Dewa
Eroe	Pahlawan
Forza	Kekuatan
Fulmine	Petir
Gelosia	Kecemburuan
Guerriero	Pejuang
Immortalità	Keabadian
Labirinto	Labirin
Leggenda	Legenda
Magico	Gaib
Mortale	Fana
Mostro	Rakasa
Tuono	Guntur
Vendetta	Balas Dendam

Natura
Alam

Animali	Binatang
Api	Lebah
Artico	Arktik
Bellezza	Kecantikan
Deserto	Gurun
Dinamico	Dinamis
Erosione	Erosi
Fiume	Sungai
Fogliame	Dedaunan
Foresta	Hutan
Ghiacciaio	Gletser
Montagne	Gunung
Nebbia	Kabut
Nuvole	Awan
Rifugio	Penampungan
Santuario	Suaka
Selvaggio	Liar
Sereno	Tenang
Tropicale	Tropis
Vitale	Vital

Numeri
Angka

Cinque	Lima
Decimale	Desimal
Diciassette	Tujuh Belas
Diciotto	Delapan Belas
Dieci	Sepuluh
Dodici	Dua Belas
Due	Dua
Nove	Sembilan
Otto	Delapan
Quattordici	Empat Belas
Quattro	Empat
Quindici	Lima Belas
Sedici	Enam Belas
Sei	Enam
Sette	Tujuh
Tre	Tiga
Tredici	Tiga Belas
Uno	Satu
Venti	Dua Puluh
Zero	Nol

Nutrizione
Nutrisi

Amaro	Pahit
Appetito	Nafsu Makan
Bilanciato	Seimbang
Calorie	Kalori
Carboidrati	Karbohidrat
Commestibile	Bisa Dimakan
Dieta	Diet
Digestione	Pencernaan
Fermentazione	Fermentasi
Liquidi	Cairan
Nutriente	Gizi
Peso	Berat
Proteine	Protein
Qualità	Kualitas
Salsa	Saus
Salute	Kesehatan
Sano	Sehat
Spezie	Rempah-Rempah
Tossina	Racun
Vitamina	Vitamin

Oceano
Samudra

Alghe	Alga
Anguilla	Belut
Balena	Paus
Barca	Perahu
Corallo	Karang
Delfino	Lumba-Lumba
Gamberetto	Udang
Granchio	Kepiting
Medusa	Ubur-Ubur
Onde	Ombak
Ostrica	Tiram
Pesce	Ikan
Polpo	Gurita
Sale	Garam
Scogliera	Terumbu
Spugna	Spons
Squalo	Hiu
Tartaruga	Penyu
Tempesta	Badai
Tonno	Tuna

Paesaggi
Pemandangan Alam

Cascata	Air Terjun
Collina	Bukit
Deserto	Gurun
Dune	Dunes
Fiume	Sungai
Geyser	Geyser
Ghiacciaio	Gletser
Grotta	Gua
Iceberg	Gunung Es
Isola	Pulau
Lago	Danau
Mare	Laut
Montagna	Gunung
Oasi	Oasis
Palude	Rawa
Penisola	Semenanjung
Spiaggia	Pantai
Tundra	Tundra
Valle	Lembah
Vulcano	Gunung Berapi

Paesi #2
Negara #2

Albania	Albania
Danimarca	Denmark
Etiopia	Ethiopia
Giamaica	Jamaika
Giappone	Jepang
Grecia	Yunani
Haiti	Haiti
Indonesia	Indonesia
Irlanda	Irlandia
Laos	Laos
Liberia	Liberia
Messico	Meksiko
Nepal	Nepal
Nigeria	Nigeria
Pakistan	Pakistan
Russia	Rusia
Siria	Suriah
Sudan	Sudan
Ucraina	Ukraina
Uganda	Uganda

Pesca
Penangkapan Ikan

Acqua	Air
Attrezzatura	Peralatan
Barca	Perahu
Branchie	Insang
Cesto	Keranjang
Cucinare	Masak
Esagerazione	Berlebihan
Esca	Umpan
Filo	Kawat
Fiume	Sungai
Gancio	Kait
Lago	Danau
Mascella	Rahang
Oceano	Laut
Pazienza	Kesabaran
Peso	Berat
Pinne	Sirip
Spiaggia	Pantai
Stagione	Musim

Piante
Tanaman

Albero	Pohon
Bacca	Berry
Bambù	Bambu
Botanica	Botani
Cactus	Kaktus
Cespuglio	Semak
Crescere	Tumbuh
Edera	Ivy
Erba	Rumput
Fagiolo	Kacang
Fertilizzante	Pupuk
Fiore	Bunga
Flora	Flora
Fogliame	Dedaunan
Foresta	Hutan
Giardino	Kebun
Muschio	Lumut
Petalo	Kelopak
Radice	Akar
Vegetazione	Vegetasi

Pirati
Bajak Laut

Ancora	Jangkar
Avventura	Petualangan
Bandiera	Bendera
Bussola	Kompas
Capitano	Kapten
Cattivo	Buruk
Cicatrice	Bekas Luka
Equipaggio	Awak
Grotta	Gua
Isola	Pulau
Leggenda	Legenda
Mappa	Peta
Monete	Koin
Oro	Emas
Pappagallo	Burung Beo
Pericolo	Bahaya
Rum	Rum
Spada	Pedang
Spiaggia	Pantai
Tesoro	Harta Karun

Professioni #1
Profesi # 1

Allenatore	Pelatih
Ambasciatore	Duta Besar
Artista	Artis
Astronomo	Astronom
Avvocato	Pengacara
Ballerino	Penari
Banchiere	Bankir
Cacciatore	Hunter
Cartografo	Kartografer
Editore	Editor
Farmacista	Apoteker
Geologo	Ahli Geologi
Gioielliere	Perhiasan
Idraulico	Tukang Ledeng
Infermiera	Perawat
Musicista	Musisi
Pianista	Pianis
Psicologo	Psikolog
Scienziato	Ilmuwan
Veterinario	Dokter Hewan

Professioni #2
Profesi # 2

Astronauta	Astronot
Bibliotecario	Pustakawan
Biologo	Ahli Biologi
Chirurgo	Ahli Bedah
Dentista	Dokter Gigi
Filosofo	Filsuf
Fotografo	Fotografer
Giardiniere	Tukang Kebun
Giornalista	Wartawan
Illustratore	Ilustrator
Ingegnere	Insinyur
Insegnante	Guru
Inventore	Penemu
Investigatore	Penyidik
Linguista	Ahli Bahasa
Medico	Dokter
Pilota	Pilot
Pittore	Pelukis
Ricercatore	Peneliti
Zoologo	Zoologi

Riempire
Untuk Mengisi

Bacino	Baskom
Barile	Barel
Borsa	Tas
Bottiglia	Botol
Busta	Amplop
Cartella	Map
Cartone	Karton
Cassa	Peti
Cassetto	Laci
Cesto	Keranjang
Nave	Kapal
Pacchetto	Paket
Scatola	Kotak
Secchio	Ember
Tasca	Saku
Tubo	Tabung
Valigia	Koper
Vaso	Vas
Vassoio	Baki

Ristorante #1
Restoran # 1

Allergia	Alergi
Caffè	Kopi
Cameriera	Pelayan
Carne	Daging
Cassiere	Kasir
Cibo	Makanan
Ciotola	Mangkuk
Coltello	Pisau
Cucina	Dapur
Dessert	Pencuci Mulut
Ingredienti	Bahan
Menù	Menu
Pane	Roti
Piatto	Piring
Piccante	Pedas
Pollo	Ayam
Prenotazione	Reservasi
Salsa	Saus
Tovagliolo	Serbet

Ristorante #2
Restoran #2

Acqua	Air
Aperitivo	Pembuka
Bevanda	Minuman
Cameriere	Pelayan
Cena	Makan Malam
Cucchiaio	Sendok
Delizioso	Lezat
Forchetta	Garpu
Frutta	Buah
Ghiaccio	Es
Insalata	Salad
Minestra	Sup
Pesce	Ikan
Pranzo	Makan Siang
Sale	Garam
Sedia	Kursi
Spezie	Rempah-Rempah
Torta	Kue
Uova	Telur
Verdure	Sayuran

Scacchi
Catur

Avversario	Lawan
Bianco	Putih
Campione	Juara
Concorso	Kontes
Diagonale	Diagonal
Giocatore	Pemain
Gioco	Permainan
Intelligente	Cerdik
Nero	Hitam
Passivo	Pasif
Punti	Poin
Re	Raja
Regina	Ratu
Regole	Aturan
Sacrificio	Pengorbanan
Sfide	Tantangan
Strategia	Strategi
Tempo	Waktu
Torneo	Turnamen

Scienza
Sains

Atomo	Atom
Chimico	Bahan Kimia
Clima	Iklim
Dati	Data
Esperimento	Percobaan
Evoluzione	Evolusi
Fatto	Fakta
Fisica	Fisika
Fossile	Fosil
Gravità	Gravitasi
Ipotesi	Hipotesis
Laboratorio	Laboratorium
Metodo	Metode
Minerali	Mineral
Molecole	Molekul
Natura	Alam
Organismo	Organisme
Osservazione	Observasi
Particelle	Partikel
Scienziato	Ilmuwan

Scuola #1
Sekolah # 1

Alfabeto	Alfabet
Amici	Teman
Aula	Kelas
Biblioteca	Perpustakaan
Carta	Kertas
Cartelle	Folder
Divertimento	Menyenangkan
Esami	Ujian
Insegnante	Guru
Libri	Buku
Matematica	Matematika
Matita	Pensil
Numeri	Nomor
Penne	Pena
Pranzo	Makan Siang
Quiz	Kuis
Risposte	Jawaban
Sedia	Kursi

Scuola #2
Sekolah # 2

Accademico	Akademik
Autobus	Bis
Biblioteca	Perpustakaan
Calendario	Kalender
Carta	Kertas
Computer	Komputer
Dizionario	Kamus
Educazione	Pendidikan
Forbici	Gunting
Giochi	Permainan
Grammatica	Tata Bahasa
Insegnante	Guru
Letteratura	Sastra
Lettura	Membaca
Libri	Buku
Matematica	Matematika
Matita	Pensil
Scarpe	Sepatu
Scienza	Ilmu
Zaino	Ransel

Spezie
Rempah-Rempah

Aglio	Bawang Putih
Amaro	Pahit
Anice	Anise
Cannella	Kayu Manis
Cardamomo	Kapulaga
Cipolla	Bawang
Coriandolo	Ketumbar
Cumino	Jinten
Curry	Kari
Dolce	Manis
Finocchio	Adas
Gusto	Rasa
Liquirizia	Licorice
Noce Moscata	Pala
Paprika	Paprika
Pepe	Lada
Sale	Garam
Vaniglia	Vanila
Zafferano	Kunyit
Zenzero	Jahe

Spiaggia
Pantai

Asciugamano	Handuk
Barca	Perahu
Barca a Vela	Perahu Layar
Blu	Biru
Costa	Pantai
Dock	Dok
Granchio	Kepiting
Isola	Pulau
Laguna	Laguna
Mare	Laut
Ombrello	Payung
Sabbia	Pasir
Sandali	Sandal
Scogliera	Terumbu
Sole	Matahari
Vacanza	Liburan

Sport
Olahraga

Allenatore	Pelatih
Arbitro	Wasit
Atleta	Atlet
Baseball	Bisbol
Basket	Basket
Bicicletta	Sepeda
Campionato	Kejuaraan
Ginnastica	Senam
Giocatore	Pemain
Gioco	Permainan
Golf	Golf
Hockey	Hoki
Movimento	Gerakan
Palestra	Gimnasium
Squadra	Tim
Stadio	Stadion
Tennis	Tenis
Vincitore	Pemenang

Strumenti
Peralatan

Ascia	Kapak
Cavo	Kabel
Colla	Lem
Coltello	Pisau
Corda	Tali
Cucitrice	Stapler
Forbici	Gunting
Maglio	Mallet
Martello	Palu
Pala	Sekop
Pinze	Tang
Rasoio	Pisau Cukur
Righello	Penggaris
Ruota	Roda
Scala	Tangga
Torcia	Obor
Vite	Baut

Strumenti Musicali
Instrumen Musik

Armonica	Harmonika
Arpa	Harpa
Banjo	Banjo
Chitarra	Gitar
Clarinetto	Klarinet
Fagotto	Bassoon
Flauto	Seruling
Gong	Gong
Mandolino	Mandolin
Marimba	Marimba
Oboe	Obo
Percussione	Perkusi
Pianoforte	Piano
Sassofono	Saksofon
Tamburello	Rebana
Tamburo	Drum
Tromba	Terompet
Trombone	Trombon
Violino	Biola
Violoncello	Selo

Suoni
Suara

Applaudire	Bertepuk
Campana	Lonceng
Concerto	Konser
Coro	Paduan Suara
Eco	Gema
Fischio	Peluit
Forte	Keras
Gemito	Erangan
Ripetitivo	Berulang
Risata	Tawa
Risonante	Resonan
Rumoroso	Berisik
Sirene	Sirene
Sussurro	Bisik
Tosse	Batuk
Vibrazione	Getaran
Voci	Suara

Surf
Berselancar

Atleta	Atlet
Campione	Juara
Divertimento	Menyenangkan
Estremo	Ekstrem
Folla	Keramaian
Forza	Kekuatan
Meteo	Cuaca
Oceano	Laut
Onda	Melambai
Pagaia	Dayung
Popolare	Populer
Principiante	Pemula
Schiuma	Busa
Scogliera	Terumbu
Spiaggia	Pantai
Stile	Gaya
Stomaco	Perut
Velocità	Kecepatan

Tecnologia
Teknologi

Blog	Blog
Browser	Peramban
Byte	Byte
Computer	Komputer
Cursore	Kursor
Dati	Data
Digitale	Digital
File	Fail
Font	Font
Internet	Internet
Messaggio	Pesan
Ricerca	Riset
Schermo	Layar
Sicurezza	Keamanan
Statistiche	Statistik
Telecamera	Kamera
Virtuale	Maya
Virus	Virus

Tempo
Waktu

Anno	Tahun
Annuale	Tahunan
Calendario	Kalender
Decennio	Dasawarsa
Dopo	Setelah
Futuro	Masa Depan
Giorno	Hari
Ieri	Kemarin
Mattina	Pagi
Mese	Bulan
Mezzogiorno	Siang
Minuto	Menit
Momento	Saat
Notte	Malam
Oggi	Hari Ini
Ora	Jam
Presto	Segera
Prima	Sebelum
Secolo	Abad
Settimana	Minggu

Tipi di Capelli
Jenis Rambut

Argento	Perak
Asciutto	Kering
Bianco	Putih
Biondo	Pirang
Breve	Pendek
Calvo	Botak
Colorato	Berwarna
Grigio	Abu-Abu
Intrecciato	Dikepang
Liscio	Halus
Lungo	Panjang
Marrone	Cokelat
Morbido	Lembut
Nero	Hitam
Riccio	Keriting
Riccioli	Ikal
Sano	Sehat
Sottile	Tipis
Spessore	Tebal
Trecce	Kepang

Uccelli
Burung-Burung

Anatra	Bebek
Aquila	Elang
Canarino	Kenari
Cicogna	Bangau
Cigno	Angsa
Colomba	Merpati
Cuculo	Cuckoo
Fenicottero	Flamingo
Gabbiano	Gull
Gufo	Burung Hantu
Pappagallo	Burung Beo
Passero	Burung Pipit
Pavone	Merak
Pellicano	Pelikan
Pinguino	Penguin
Piuma	Bulu
Pollo	Ayam
Struzzo	Burung Unta
Tucano	Toucan
Uovo	Telur

Vacanze #2
Liburan #2

Aeroporto	Bandara
Campeggio	Camping
Destinazione	Tujuan
Foto	Foto
Hotel	Hotel
Isola	Pulau
Mappa	Peta
Mare	Laut
Passaporto	Paspor
Ristorante	Restoran
Spiaggia	Pantai
Straniero	Orang Asing
Taxi	Taksi
Tempo Libero	Rekreasi
Tenda	Tenda
Trasporto	Transportasi
Treno	Kereta
Vacanza	Liburan
Viaggio	Perjalanan
Visto	Visa

Veicoli
Kendaraan

Aereo	Pesawat
Ambulanza	Ambulans
Auto	Mobil
Autobus	Bis
Barca	Perahu
Bicicletta	Sepeda
Camion	Truk
Caravan	Kafilah
Elicottero	Helikopter
Motore	Mesin
Navetta	Shuttle
Pneumatici	Ban
Razzo	Roket
Scooter	Skuter
Sottomarino	Kapal Selam
Taxi	Taksi
Traghetto	Feri
Trattore	Traktor
Treno	Kereta
Zattera	Rakit

Verdure
Sayuran

Aglio	Bawang Putih
Broccolo	Brokoli
Carciofo	Artichoke
Carota	Wortel
Cetriolo	Mentimun
Cipolla	Bawang
Fungo	Jamur
Insalata	Salad
Melanzana	Terong
Oliva	Zaitun
Patata	Kentang
Pisello	Kacang
Pomodoro	Tomat
Prezzemolo	Peterseli
Rapa	Lobak
Scalogno	Bawang Merah
Sedano	Seledri
Spinaci	Bayam
Zenzero	Jahe
Zucca	Labu

Vestiti
Pakaian

Abito	Gaun
Braccialetto	Gelang
Camicetta	Blus
Camicia	Baju
Cappello	Topi
Cappotto	Mantel
Cintura	Ikat Pinggang
Collana	Kalung
Giacca	Jas
Gonna	Rok
Grembiule	Celemek
Guanti	Sarung Tangan
Jeans	Jeans
Maglione	Sweter
Moda	Mode
Pantaloni	Celana
Pigiama	Piyama
Sandali	Sandal
Scarpa	Sepatu
Sciarpa	Syal

Virtù #1
Kebajikan #1

Affascinante	Menawan
Appassionato	Asyik
Artistico	Artistik
Buono	Bagus
Curioso	Penasaran
Decisivo	Menentukan
Divertente	Lucu
Efficiente	Efisien
Generoso	Dermawan
Indipendente	Mandiri
Intelligente	Cerdas
Modesto	Sederhana
Paziente	Sabar
Pratico	Praktis
Pulito	Bersih
Saggio	Bijaksana
Utile	Membantu

Congratulazioni

Ce l'hai fatta!

Speriamo che questo libro vi sia piaciuto tanto quanto a noi è piaciuto concepirlo. Ci sforziamo di creare libri della più alta qualità possibile.
Questa edizione è progettata per fornire un apprendimento intelligente, di qualità e divertente!

Le è piaciuto questo libro?

Una Semplice Richiesta

Questi libri esistono grazie alle recensioni che pubblicate.

Puoi aiutarci lasciando una recensione
ora a questo link ?

BestBooksActivity.com/Recensioni50

SFIDA FINALE!

Sfida n°1

Sei pronto per il tuo gioco gratuito? Li usiamo sempre, ma non sono così facili da trovare - ecco i **Sinonimi!**

Scrivi 5 parole che hai trovato nei puzzle (n° 21, n° 36, n° 76) e prova a trovare 2 sinonimi per ogni parola.

Scrivi 5 parole del *Puzzle 21*

Parole	Sinonimo 1	Sinonimo 2

Scrivi 5 parole del *Puzzle 36*

Parole	Sinonimo 1	Sinonimo 2

Scrivi 5 parole del *Puzzle 76*

Parole	Sinonimo 1	Sinonimo 2

Sfida n°2

Ora che ti sei riscaldato, scrivi 5 parole che hai trovato nei puzzle n° 9, n° 17 e n° 25 e cerca di trovare 2 contrari per ogni parola. Quanti ne puoi trovare in 20 minuti?

Scrivi 5 parole del **Puzzle 9**

Parole	Antonimo 1	Antonimo 2

Scrivi 5 parole del **Puzzle 17**

Parole	Antonimo 1	Antonimo 2

Scrivi 5 parole del **Puzzle 25**

Parole	Antonimo 1	Antonimo 2

Sfida n°3

Grande! Questa sfida non è niente per te!

Pronto per la sfida finale? Scegli 10 parole che hai scoperto nei diversi puzzle e scrivile qui sotto.

1.	6.
2.	7.
3.	8.
4.	9.
5.	10.

Ora scrivi un testo pensando a una persona, un animale o un luogo che ti piace.

Puoi usare l'ultima pagina di questo libro come bozza.

La tua composizione:

TACCUINO:

A PRESTO!

Tutta la Squadra

SCOPRIRE GIOCHI GRATIS

GO

BESTACTIVITYBOOKS.COM/FREEGAMES